TAMINA THOR

TARÔ MÁGICO DAS BRUXAS

PALLAS

Produção Editorial
Pallas Editora

Revisão
Marcos Roque
Silvia Rebello

Caixa, cartas, ilustrações e diagramação
Victor Tavares

CIP-BRASIL. CATALOGAÇÃO-NA-FONTE.
SINDICATO NACIONAL DOS EDITORES DE LIVROS

T399t Thor, Tamina, 1957-
Tarô mágico das bruxas / Tamina Thor: ilustrações Victor Tavares. - Rio de Janeiro: Pallas, 2011.
il.;
Apêndice bibliografia
ISBN 978-85-347-0354-3

1. Tarô. 2. Oráculos. 3.Magia. I. Título.

05-1056 CDD 133.32424
CDU 133.3:794.4

Pallas Editora e Distribuidora Ltda.
Rua Frederico de Albuquerque, 56 - Higienópolis
21050-840 - Rio de Janeiro - RJ
Tel.: 2270-0186
pallas@alternex.com.br
www.pallaseditora.com.br

PALLAS

A compreensão total da derradeira língua que o iniciado emprega é reservada somente aos adeptos.

Papus

Ao meu gato Carvão,

mestre e aliado.

SUMÁRIO

Introdução 8
Métodos de Consulta 11

Significado das Cartas
1–Bruxa 38
2–Pesadelo 40
3–Teia de Aranha 40
4–Sete Velas 41
5–Chapéu 43
6–Deus Chifrudo 44
7–Cicuta 45
8–Cor Preta 47
9–Gato Preto 49
10–Caveira 51
11–Útero 53
12–Estigmas 56
13–Sexta-Feira Treze 62
14–Círculo Mágico 63
15–Talismãs 65
16–Tempestade 66
17–Livro das Fórmulas 68
18–Vassoura 70
19–Conjuros e Encantamentos 73
20–Asa de Morcego 75
21–Sortilégios 77
22–Amanita Muscaria 79

23–Capa 81
24–Caldeirão 82
25–Magia Ritual 83
26–Meimendro Negro 85
27–Sacrifício 86
28–Fogueira 90
29–Licantropia 92
30–Filtros do Amor 95
31–Nudez 97
32–Aves de Agouro 99
33–Fases da Lua 100
34–Heléboro Negro 103
35–Beladona 106
36–Narciso Negro 108
37–Magia Negra 111
38–Sabás 115
39–Segredo 118
40–Malleus Malleficarum 121
41–Hipnose 123
42–Mandrágora 124
43–Ungüento das Bruxas 128
44–Estramônio 133
45–Umbra 134
Magias 138
Algumas Correspondências 143
Conclusão 144

INTRODUÇÃO

Assim como os alquimistas pretendiam transmutar os metais em ouro e este processo, nas freqüências interiores, correspondia à autotransmutação, ao auto-aperfeiçoamento, as bruxas lidavam com matérias-primas da natureza e com a magia natural, tendo como objetivo último o polimento do caráter. Em uma linguagem cifrada, as fórmulas aludiam a asas de morcegos, pós de lagartixas, olhos de corujas, olhos de sapos, couros de cobras, termos que só passaram a ser entendidos em sentido literal quando a magia declinou. A magia conduzia não à perversão na utilização da natureza e de seus seres mas ao congraçamento com esta e seus reinos e também ao entendimento de que todas as formas viventes merecem respeito. Um sentimento de igualdade e gratidão reinava, a despeito das diferenças nas manifestações físicas das várias espécies. As diferenças traziam a alegria da variedade e não a discriminação que julga que os seres humanos são melhores que outros seres que coabitam o planeta Terra. Assim, nos primórdios da Antiga Religião, a vida era respeitada e o único sangue aceito pela Deusa era o menstrual, que mimetizava a fecundidade da terra. Só muito tempo depois foi o sangue menstrual considerado impuro e a mulher discriminada durante este período. Nada que trouxesse dor ou injuriasse qualquer filho da Deusa, a Mãe Terra, era aceito nos rituais, pois, fossem eles homens, animais ou plantas, a Grande Mãe os amava igualmente. Morte e devastação, dor e holocausto ofendiam à Grande Deusa e aos seres espirituais da natureza; portanto, o uso de todas as dádivas naturais era parcimonioso. Os adeptos da bruxaria não feriam outros seres vivos nem por caprichos mercenários nem em virtude de suas crenças; pelo contrário, consideravam todos os filhos da Deusa seus irmãos e por muito tempo reinaram o amor e a harmonia.

Concebemos, nesta obra, a Antiga Religião como era antes de qualquer possível declínio ou deturpação, como um culto de amor e respeito à natureza. A mão humana e as boas intenções às vezes modificam os sentidos essenciais das congregações. Não sabemos se isso aconteceu, como aconteceu e se realmente aconteceu na Antiga Religião; contudo, as bruxas que inspiraram este trabalho tinham nos seus signos cifrados significados amplos e, acima de tudo, pisavam com reverência na pele de Gaia, a Mãe Terra, e sorviam o sangue — a água — da Deusa com gratidão. Os animais e as plantas eram seus amigos, seus irmãos.

MÉTODOS DE CONSULTA

MÉTODO MÁGICO DA FEITICEIRA

Embaralhe as 45 cartas. Depois, sem vê-las, monte quatro fileiras verticais de sete cartas cada. A leitura das fileiras é feita no sentido vertical, de cima para baixo, associando o significado de cada carta às suas antecessoras e predecessoras. Cada fileira encerra um sentido resultante do inter-relacionamento das suas cartas. As 17 cartas que não se encontram no jogo não constarão da leitura.

Método da feiticeira

1	8	15	22
2	9	16	23
3	10	17	24
4	11	18	25
5	12	19	26
6	13	20	27
7	14	21	28

Confirmação:

Após o jogo, se achar necessário, o consulente poderá fazer uma confirmação, bastando para isso que torne a embaralhar todas as cartas e depois monte duas fileiras verticais de sete cartas. Procede-se à leitura do mesmo modo explicado anteriormente.

Resposta a perguntas

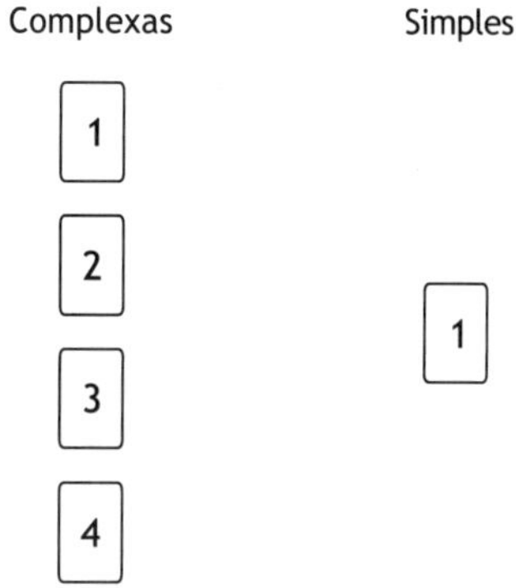

RESPOSTA A PERGUNTAS

Complexas:

Embaralhe todas as cartas. Coloque, sem ver a figura, quatro cartas em uma única fileira vertical. Proceda à leitura inter-relacionando os significados.

Simples:

Basta embaralhar todas as cartas e, sem vê-las, selecionar uma delas, que terá a resposta para a pergunta.

MÉTODO DA LUA

Embaralhe as cartas e disponha quatro delas em uma fileira vertical.

Método da lua

A primeira carta representa a Lua Nova. Os assuntos tratados pela carta deverão ser planejados e pensados, traçando metas e estratégias. Está implícita a busca de novos caminhos, a idealização de novos métodos e meios de colocar as idéias em prática. Início do processo criativo. Momento de silêncio.

A segunda carta simboliza o Crescente Lunar. Os assuntos abordados por ela sugerem um tratamento dinâmico em que a iniciativa, a ação e a coragem levarão a êxitos. Hora de avançar, comunicar, testar, iniciar. Movimentos objetivos. A terceira carta surge na posição da Lua Cheia, trazendo uma indicação afortunada. Presságio de sorte e sucesso. Setor da vida que estará em evidência e no qual as emoções serão intensas. A quarta posição corresponde à Lua Minguante. As situações abordadas pela carta deverão passar por um balanço e, após uma análise criteriosa, deverá haver uma seleção, permanecendo apenas o que for útil, viável e eficaz. Sugere que assuntos ou etapas pendentes sejam finalizados. O momento é ideal para refletir e concluir, bem como reciclar ou descartar.

MÉTODO DOS SABÁS

Após embaralhar, distribua oito cartas em duas fileiras verticais de quatro cada uma. Proceda à leitura conforme as indicações dos significados a seguir. Os significados oraculares das posições deverão ser interpretados em relação ao contexto da carta que se situar no local.

Método dos sabás

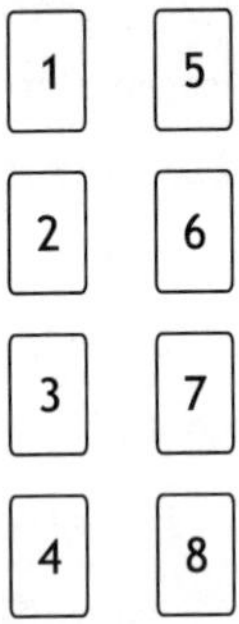

1 — HALLOWEEN

Ritual que marca o meio do outono e simboliza a descida da Deusa ao reino das sombras, à procura do seu amado. Eles se amarão e deste amor ele renascerá. Esta é uma celebração em honra dos antepassados e que marca o fim e o início do ano na Antiga Religião. É a data em que é mais tênue a separação entre o reino dos vivos e o dos mortos. Por isso é importante espantar os maus espíritos; as abóboras decoradas eram usadas com esta finalidade. No hemisfério norte é comemorado no dia 31 de outubro e corresponderia, no hemisfério sul, ao dia 1º de maio.

Significado Oracular da Posição:
Momento mágico de revelação e renovação. Inicia-se um ciclo e outro chega ao fim. Marca um acontecimento especial. Necessidade de proteção contra energias dissonantes.

2 — YULE

Ritual que comemora o nascimento do Deus Chifrudo, sendo uma espécie de Natal para os seguidores da Antiga Religião. Era comum ter o pinheiro enfeitado nas cores verde, vermelho e dourado e um banquete farto com que os participantes se deliciavam. É a festa do Solstício do Inverno e até hoje os praticantes da arte costumam trocar presentes entre si. Celebrado em

21 de dezembro no hemisfério norte. No hemisfério sul, o inverno inicia em 21 de junho. É a noite mais longa do ano.

Significado Oracular da Posição:
Ouça a intuição. Não é momento de agir em relação aos assuntos citados pela carta, mas de buscar no próprio íntimo o entendimento, a decodificação dos símbolos e sinais. Tente sentir a direção do fluxo das situações e do destino, sintonizando seus planos e metas com ele. Reafirme seus ideais, traçando caminhos para alcançá-los.

3 — IMBOLC

Este ritual dedicado à Deusa Brigit é a Festa do Fogo e seu sentido é de purificação. Ocorre, no hemisfério norte, em 2 de fevereiro e no hemisfério sul corresponderia a 1º de agosto. Situa-se no meio do inverno, quando as provisões naturais já estão escassas; contudo muitos grupos da Antiga Religião celebravam o Imbolc com grande alegria, incluindo canto, dança, alimentos e a imprescindível reverência ao fogo.

Significado Oracular da Posição:

Oportunidade e perigo. Desafio e solução. Caminhos de recuperação e cura. Ajudas providenciais. Idéias. Inspiração. Soluções. Momento crítico, mas pleno de perspectivas, quando as dificuldades estão prestes a serem vencidas: é preciso não esmorecer. Lutas e vitórias. Mostra um momento semelhante ao que precede o amanhecer – quando a noite é mais escura. O consulente deverá divertir-se e celebrar, pois o bom humor, a alegria e o relaxamento serão necessários para lidar satisfatoriamente com o momento de grandes exigências relativas aos assuntos da carta que estiver nesta posição.

4 – OSTARA

Festival da fertilidade do Equinócio da Primavera – quando dia e noite possuem a mesma duração –, que representa o florescer do amor e da sensualidade.

O Deus Chifrudo, com sua força manifesta pelo brilho do Sol e pelo calor, é então um jovem vigoroso em toda a sua potência; a Grande Deusa resplandece em beleza e poder, expressos nas flores multicoloridas que despontam e no verde da natureza. Ocorre no dia 21 de março no hemisfério norte e, no hemisfério sul, em 21 de setembro.

Significado Oracular da Posição:
Indício positivo relacionado ao setor da vida abordado pela carta: alegria, felicidade, prosperidade, abundância, afinidade, reciprocidade, sinceridade, equilíbrio. Momento de encantamento. Presente da vida.

5 — BELTANE

Ritual de muita alegria, que assemelha-se ao Carnaval. Simboliza o casamento da Deusa e do Deus. Símbolos fálicos, máscaras, enfeites, muita música e dança celebravam a fertilidade e o amor. Possui um sentido orgiástico e dionisíaco, assim como o Carnaval. Celebra-se o fogo de

Beltane em 1º de maio no hemisfério norte e a correspondência no hemisfério sul seria em 31 de outubro, véspera do dia de Todos os Santos.

Significado Oracular da Posição:

Encontros existenciais. Situações marcantes ou importantes que assinalam a ação do destino pessoal. Manifestações inesperadas e surpresas. Atuação do carma e do destino. Reação a atos anteriores. Assinala eventos e encontros de grande significação na área da vida referente à carta, contudo não está definido se serão agradáveis ou não ao consulente, pois tudo dependerá do que ele tiver semeado, das lições que precisa aprender e do desenvolvimento da sua missão.

6 — LITHA

Celebração em honra ao Sol, ocorrida no Solstício de Verão — 21 de junho no hemisfério norte e 21 de dezembro no hemisfério sul —, pois nessa ocasião ele atinge o ápice de sua força e temos o dia mais longo do ano. Marca o apogeu das forças da natureza.

Significado Oracular da Posição:

Poder conquistado. Glória. Mérito e reconhecimento. Concentração de energia na área da vida apontada pela carta. Meta conquistada. Realização concreta.

7 – LAMAS

Celebração da primeira colheita do ano, relacionada à abundância, à saúde e ao esplendor do corpo físico. As dádivas da natureza são compartilhadas entre todos os membros. No hemisfério norte o festejo é realizado em 1º de agosto e corresponderia no hemisfério sul ao dia 2 de fevereiro, data em que no Brasil temos as festas de Iemanjá e as procissões de Nossa Senhora das Candeias.

Significado Oracular da Posição:

Será preciso compartilhar as dádivas e graças recebidas, para que o fluxo não seja obstruído. Dízimo e doação. Ajuda dada ou recebida. Intercâmbios. Influência de grupos ou pessoas, da família, de amigos ou conhecidos. Assinala a presença de rivais, concorrentes, adversários ou competidores, nos assuntos tratados pela carta. Revela a necessidade de aliados, da colaboração ou do aval de outras pessoas. Mostra, na área da vida citada pela carta, a força da interdependência de tudo e de todos que existem: o universo como um gigantesco ecossistema. O consulente poderá precisar da ajuda ou dos serviços de outras pessoas para obter o que deseja ou vencer o que está fechando seu caminho. Por sua vez, deverá prestar serviço aos outros em nível profissional ou caritativo.

8 – MABON

Celebração em honra da segunda colheita, com homenagem aos mais velhos e aos ancestrais. Marca a passagem do Equinócio do Outono quando, como na primavera, dias e noites têm a mesma duração. Ocorre no dia 21 de setembro no hemisfério norte e em 21 de março no hemisfério sul.

Significado Oracular da Posição:

Discernir será fundamental. Os recursos deverão ser utilizados com sabedoria e parcimônia. Ser precavido, investir, economizar, reciclar e aproveitar é a indicação no que se refere a todo tipo de energia. A tendência a excessos poderá ser desastrosa. Viver o presente com equilíbrio, mas saber preparar-se para o futuro. Mostra a necessidade de estar centrado, para agir conforme os próprios princípios e ideais, e afirma a suma importância de cuidar da fonte, isto é, de tudo que nos nutre de algum modo e de todos que nos auxiliam. O futuro, no ciclo subseqüente, será determinado pela maneira como for utilizada a energia disponível no momento presente – esta definida pela carta caída nesta posição, cujo sentido possuirá o teor de um conselho.

MÉTODO DAS TREZE LUAS

Embaralhe as cartas. Depois, sem ver suas faces, monte um círculo composto por doze delas e coloque mais uma carta no centro.

Método das treze luas

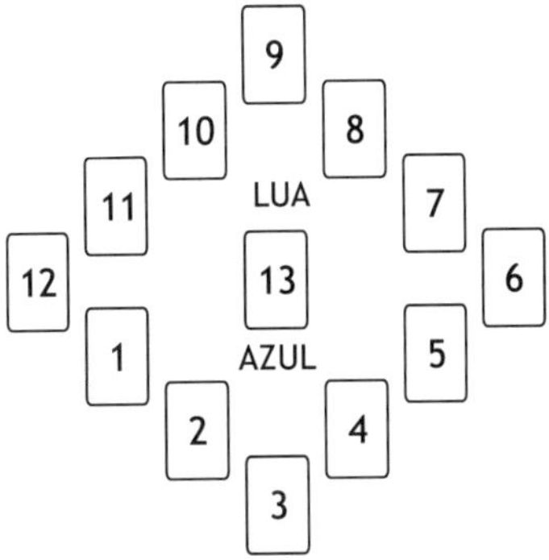

A primeira carta mostra o consulente e as forças com as quais este poderá contar. Energia pessoal.

A segunda carta aponta para os recursos materiais disponíveis, sendo portanto um indicador para as finanças. Energia material.

A terceira carta simboliza o universo imediato do consulente e as informações e conhecimentos que lhe serão úteis e que lhe estarão disponíveis. Energia mental.

A quarta carta mostra a estrutura e a base da vida do consulente, seu íntimo e sua situação emocional. Fala sobre o seu lar e sobre a sua família. A carta desta posição simbolizará a atuação da força lunar sobre o consulente, sendo esta a posição da Deusa. Energia psíquica.

A quinta carta é a da força solar, do Deus Cornífero. Revela sobre os amores, os filhos e o lazer. Aponta a direção da motivação do consulente e o que o entusiasma. Energia de intenção.

A sexta carta mostra questões de saúde e do ambiente de trabalho. Sendo a saúde uma questão ligada aos hábitos e o ambiente de trabalho gerador de uma rotina, esta posição revela, segundo a carta que nela esteja, a energia de ritmo do consulente.

A sétima carta sinaliza a contraparte do consulente, seja esta afetiva ou comercial. Se houver adversários conhecidos, a situação deles em relação ao consulente será verificada aqui. Reflexo da energia do outro.

A oitava carta vaticina sobre transformações e situações desafiadoras. Também aponta para as oportunidades que elas podem trazer à tona. Energia de transmutação.

A nona carta informa sobre as facilidades ou dificuldades que o consulente terá para alcançar suas metas. Também revela as áreas da vida em que seus objetivos estarão em evidência devido ao surgimento de perspectivas animadoras ou obstáculos. Energia de entendimento e idealização.

A décima carta mostra os parâmetros concretos da vida do consulente, suas realizações. Informa também sobre as energias que deverá aproveitar, otimizar, afastar, reciclar, excluir ou atrair para alcançar o que quer. Energia de realização.

A décima primeira carta fala dos amigos do consulente e dos grupos a que este pertence, mostrando aspectos e ideais coletivos. A atuação do consulente junto a instituições e orgãos governamentais ou privados também aparece na carta desta posição. Energia de intercâmbio.

A décima segunda carta sinaliza os carmas positivos ou negativos que surgirão na fase vindoura. Por esta razão revela a situação geral, como um resumo do jogo. Energia holística.

A décima terceira carta, a da Lua Azul, simboliza a natureza da proteção espiritual do consulente para a próxima fase lunar. Energia espiritual.

O método das Treze Luas faz previsões para um ciclo médio de 28 dias a contar do ínicio da próxima lunação, isto é, do primeiro dia de Lua Nova, após a leitura da sorte.

PROCEDIMENTOS RITUALÍSTICOS

A grande força dos atos ritualísticos e das práticas mágicas é que ambos inserem símbolos de várias categorias em suas manifestações. A linguagem simbólica é via de comunicação entre consciente e inconsciente e, utilizando-a, ambos ficam impregnados e fortalecidos pela sintonia com o objetivo. Nos sonhos é o inconsciente que fala ao consciente por meio de símbolos. Na magia ritual o que ocorre é o inverso. A meditação, a concentração, a pura intenção, a fé ardorosa, uma quantidade extra de energia e uma alimentação saudável são alguns entre muitos itens que, isolados ou combinados, favorecem uma límpida e direta integração do consciente com o subconsciente.
Os procedimentos ritualísticos são dispensáveis. Os que dispensam os rituais em geral já possuem

um canal aberto, isto é, conectam-se com seu interior por outros meios mais imediatos, o que torna estes procedimentos desnecessários. Contudo, muitas pessoas sentem-se mais harmonizadas quando os praticam. Tudo depende da natureza individual; portanto, faça sua escolha.

TOALHA PARA O JOGO

Se desejar, o leitor pode confeccionar uma toalha específica para o jogo. Ela deve ser de cor preta, simbolizando os mistérios. No tecido, cortado de forma circular, será pintado um círculo mágico, o que poderá ser feito na cor branca ou com várias cores.

Círculo mágico

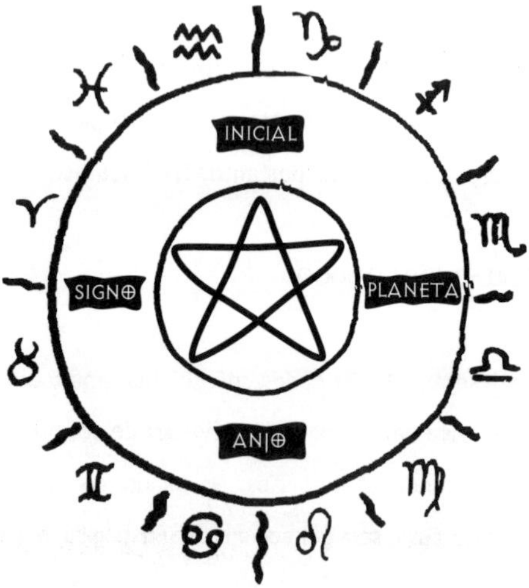

Um círculo mágico fácil de executar terá no centro um pentagrama (estrela de cinco pontas), que é um isolante das influências negativas. Ao redor da estrela serão colocados os doze signos astrológicos. Para personalizar a toalha, coloque o símbolo do seu signo e do seu planeta regente dispostos entre a estrela e a roda astrológica. Caso você conheça, coloque também o nome do seu anjo guardião, bem como a primeira letra do seu nome. A composição com doze signos zodiacais invocará energias positivas e orientação nos doze aspectos da vida do consulente.

Outros símbolos poderão ser pintados ou bordados na toalha, mas será preciso saber exatamente as correlações das figuras escolhidas e o objetivo com que as formas estão sendo utilizadas. Todas as formas produzem efeito e atuam poderosamente. A exemplo disto, antibióticos agem através de formas, detendo os vírus. As ciências ocultas que tratam das ondas ou energias de forma são pouco conhecidas. Ondas de forma relacionam-se com vibrações numéricas, notas musicais, cores, aromas etc. Existem terapias que utilizam figuras. Cada conjunto de formas cria uma melodia energética. As repetições e disposições criam ritmos, harmonias ou dissonâncias e provocam emoções variadas, tal qual a música. A combinação de certas cores, efeitos luminosos e disposições espaciais de formas sólidas ou figuras, entre outras possibilidades, não só pode induzir estados alterados de consciência, como diferentes estados de espírito, podendo produzir curas. O feng-shui, arte chinesa de ocupação e harmonização ambiental, entre muitas outras especificações, trabalha com ondas de forma criando locais energeticamente adequados.

ATRAINDO OS ELEMENTAIS

A presença elemental é importante em todos os sistemas divinatórios. A inclusão, a saudação e o agradecimento aos elementais dos quatro reinos, por meio da magia ritual, facilitam a concentração e a sintonia oracular. Os elementais são atraídos por objetos associados aos elementos a que pertencem. Sete velas brancas poderão ser acesas ao redor do círculo, deixando espaço para que a consulta possa ser feita no interior do círculo mágico. Elas invocam os elementais do fogo. Uma pedra, um copo ou taça com água e um defumador poderão ser utilizados. O defumador invoca os elementais do ar; as pedras, os da terra; e a taça com água, os elementais da água.

Como defumador pode ser utilizado um bastão de incenso, mas será obtido melhor efeito com ervas queimadas em um turíbulo. As melhores pedras para efeitos de proteção, principalmente no caso deste baralho, são o ônix e a turmalina negra. A água deve ficar, se possível, em um copo de cristal virgem até então e destinado especificamente para este uso. Ao terminar o jogo, guarde o baralho embrulhado em um pano preto junto com a pedra de ônix ou turmalina negra, que deve ter sido imediatamente lavada. Quando for possível, deixe a pedra por algum tempo ao sol.

SUGESTÃO DE ERVAS E FOLHAS SECAS A SEREM QUEIMADAS NO TURÍBULO

Erva-cidreira (*Melissa officinalis*)
Planta que estimula a clarividência e a clariaudiência. Utilizada na Antiguidade pelas sibilas. É uma planta relacionada ao Sol e a Júpiter e que possui também emprego medicinal.

Sálvia (*Salvia officinalis*)

Purifica e harmoniza o ambiente, sintonizando com as oitavas superiores. Possui vasto emprego medicinal.

Mirra (*Commiphora myrrha*)

A mirra harmoniza o ambiente e proporciona abertura psíquica.

Heléboro Negro (*Helleborus niger*)

Uma das plantas preferidas pelas bruxas para lançar ao fogo, pois abre as portas do plano astral. O ideal é que suas folhas plenamente maturadas sejam colhidas na hora de Saturno. Devem ser lançadas às brasas vivas.

Incenso (*Boswelia thurifera, Boswelia serrata*)

Esta planta da família das burseráceas produz uma goma-resina aromática cujo perfume aumenta quando ela é atirada ao fogo. Desde a Antiguidade foi usada nos rituais e na magia cerimonial como homenagem às divindades. O botânico Meira Penna, em seu livro *Botânica Pito-*

resca, esclarece que não só os povos orientais utilizavam o incenso na adoração das divindades, mas dele também se valeram os hebreus, oferecendo-o a Jeová no altar dos perfumes. Na liturgia cristã registra-se seu uso a partir das menções do Antigo Testamento.

Misturado ao benjoim, ao almíscar vegetal, ao estoraque, ao âmbar e a sementes de zimbro, constitui um poderoso pó mágico que, como o heléboro negro, também deve ser lançado às brasas vivas. Sua força psíquica é luminosa, pois tal preparação combina plantas do Sol e de Júpiter. Abre os canais perceptivos ao plano etérico. Na preparação do pó há preponderância do incenso que deve estar na proporção do dobro de cada uma das outras ervas. Por exemplo: para 10 g de incenso use 5 g de estoraque, 5 g de âmbar etc.

Louro (*Laurus nobilis*)

Planta solar (de grande importância para as pitonisas) que entrava, juntamente com a erva-cidreira, na composição da beberagem ingerida por essas sacerdotisas, antes de elas proferirem os oráculos. Além de proteger das energias negativas, acaba com as discórdias e facilita a percepção extra-sensorial e os sonhos proféticos. O louro é a árvore da profecia e da vitória. Use uma pequena quantidade de folhas.

Girassol (*Helianthus annuus*)
Estimulante dos poderes divinatórios e parapsíquicos, deverão ser empregadas apenas algumas folhas secas desta planta solar.

Canela (*Cinnamomum zeylanicum*)
Faça uma mistura de três partes de canela em pau para duas de cravo-da-índia e uma de erva-doce. Esta combinação é excelente para descarregar o astral e pode ser usada antes e depois das consultas, pois atrai boas energias.

Cedro (*Cedrela Fissilis*)
Usado desde a mais remota Antiguidade, o cedro é conhecido por afastar os maus espíritos e atrair gênios benfazejos. Foi utilizado na magia caldaica, representado nas esculturas assírias e

usado nas artes xamânicas de diversas culturas. O templo de Salomão em Jerusalém, o de Apolo em Utica e o de Diana em Éfeso tiveram seus púlpitos feitos em cedro. Esta árvore é símbolo de amor, grandeza e majestade, sendo considerada uma das três madeiras que compõem a árvore da Cruz, emblema da Santíssima Trindade, em que representa o "Pai". Use apenas as cascas de cedro para limpeza do ambiente e criação de um campo de energia favorável à consulta.

SIGNIFICADO DAS CARTAS

1 — Bruxa

Simboliza o consulente, se este for do sexo feminino. Para um consulente do sexo masculino, representa uma mulher ligada a ele pelos laços da afetividade.

Em outras circunstâncias pode referir-se às dádivas da natureza, ao prazer e à intuição. Nestes casos a carta traz consigo as forças de renovação e abundância da Grande Deusa. Potencializa as forças geomânticas e lunares.

Onde quer que esta lâmina apareça, estando associada a outras, o sentido da fileira passa a ter grande importância no momento atual de quem se consulta.

Em tempos remotos, as sociedades matriarcais eram predominantes e as bruxas eram reconhecidas e respeitadas como sacerdotisas, detentoras da sabedoria relacionada à vida e à natureza: a magia natural. Manifestavam o poder da Deusa, o aspecto feminino da divindade. Como mulheres, elas vivenciavam em seus próprios ritmos biológicos as fases da Lua e a força geradora da Mãe Terra. Praticavam a religião espontânea, cultuando a natureza e seus fenômenos. Conheciam as plantas e sabiam misturá-las, potencializar seus efeitos e tratar com elas diversos males. Na época da Inquisição, seus corpos e seus conhecimentos ficaram reduzidos a cinzas, literalmente consumidos pelo fogo do fanatismo e da ignorância.

Nos tempos atuais, elas ressurgem — ainda sob uma tênue névoa de desconfiança — e se percebem nos arquétipos de Lilith, Diana, Ceres, Brigit, Hécate e Gaia. A bruxa é a mulher no exercício espontâneo e pleno de seu poder feminino, amoroso, intuitivo, profundo, variado e mágico, cujo sacerdócio é exercido no templo da natureza, com profunda reverência e amor por todos os seres viventes, resgatando a magia natural em busca de uma felicidade abrangente, que inclua todo o Grande Ecossistema Planetário.

2 — Pesadelo

Na feitiçaria medieval, a crença nos súcubos (espíritos femininos) e íncubos (espíritos masculinos) gozava de grande prestígio. Acreditavam ser os súcubos e os íncubos os causadores de pesadelos, por tentarem copular com os seres humanos adormecidos. Os faunos e sátiros — na verdade, elementais da terra, protetores da fauna — foram citados por Santo Agostinho como íncubos. Em tempos antigos estava disseminada a crença de que esses espíritos eram capazes de gerar filhos.

Neste baralho, o pesadelo é uma referência às preocupações atuais do consulente e também a tudo que estiver reprimido em seu interior. Sexualidade e erotismo costumam constar desta pauta.

3 — Teia de Aranha

Amigas das bruxas, as aranhas são construtoras de mandalas fantásticas, de grande delicadeza. Essas mesmas mandalas são armadilhas resistentes que garantem a subsistência da espécie.

Esta carta é um sinal de expansão e normalmente está associada ao mundo dos negócios e ao dinheiro. Muitas crendices populares associam as aranhas a dinheiro; por conseguinte esta carta possui várias conotações que abrangem trabalho, herança, favores, ajudas, presentes, sortes e loterias.

Uma teia de aranha pode passar despercebida para algum inseto que por fim enreda-se na sua trama delicada. Do mesmo modo, a carta sugere uma ação sutil repleta de detalhes e de planos bem elaborados que englobem etapas definidas. Sinaliza a presença da criatividade ou sugere o seu uso.

4 – Sete Velas

Indicam os sete degraus da materialização. Há uma concentração afortunada de energia em alguma área da vida, indicada pelas cartas da mesma fileira vertical. Este momento traz a realização de projetos acalentados por muito tempo. Para que a concretização seja plena e satisfatória, os sete degraus devem ser vibrados.

Os sete degraus, que correspondem também às sete cores do arco-íris, são:

1 – Plano Físico – Ações são necessárias. A tônica é o lado concreto, prático, dinâmico. Exige energia física.

2 – Plano Mental – O lado racional deve ser ativado. O bom senso, a sabedoria e a análise dos fatos são necessários.

3 – Plano Emocional – É importante que as ações e os resultados desencadeados tragam benefícios para os seres viventes ou que ao menos não prejudiquem nenhuma forma de vida.

4 – Plano Astral – O inconsciente deve concordar. A harmonia do aspecto racional com as tendências intuitivas e instintivas precisa ser plena.

5 – Plano Espiritual – Convém que o potencial energético seja canalizado na direção do que se quer. A energia extra não deve ser desperdiçada nem multidirecionada para que não diminua inutilmente.

6 – Plano Éterico – O fluxo, os avisos, os sinais e as sincronias devem ser levados em conta, pois são parte da língua dos anjos.

7 – Plano Transcendental – Uma atitude de total entrega e confiança no Supremo é o mister das realizações.

5 – Chapéu

O sentido desta carta é espiritual e relaciona-se com a missão de vida do consulente. Simboliza também o que se é realmente e o que realmente se deseja. É ainda um referencial aos dons inatos e ao raio de luz a que se pertence. As cartas relacionadas a esta na mesma fileira vertical podem revelar o estado espiritual, bem como os estados interiores de cada qual.

O chapéu das bruxas é confeccionado com muito carinho e cuidado, tal qual um talismã. Uma vez que o chapéu será colocado na cabeça, região correspondente ao chacra da coroa, sua importância é imensa. Ele serve de escudo para afastar as influências externas indesejadas e, por sua forma pontuda, canaliza as energias cósmicas e atua como receptor de ondas.

6 — Deus Chifrudo

Instinto, sexo e amor são os significados imediatos desta carta. Se o consulente for do sexo feminino, é indício de uma figura masculina importante em sua vida; se for homem, representa ele mesmo.

A presença da carta do Deus Chifrudo está associada às delícias do amor, desfrutadas com alegria e reciprocidade. É o surgimento do afeto e do desejo ou a garantia de sua manutenção. É uma carta de muita força, que indica um potencial interior desconhecido, poder físico e uma orientação instintiva acertada.

No Solstício de Inverno, quando ocorre a noite mais longa do ano, a Antiga Religião Celta celebrava o Yule, o nascimento do Deus Chifrudo. Ainda hoje em dia os seguidores da bruxaria — denominada Wicca pelos celtas e Stregga pelos italianos — comemoram a chegada do inverno, sendo esta uma das suas principais festividades. Os elementos que marcavam a comemoração do Yule, tais como a troca de presentes e o uso do pinheiro enfeitado foram posteriormente adotados nos festejos do Natal. Os rituais de fertilidade e abundância eram marcados por permissividade, alegria, amor e sensualidade, não só na Antiga Religião Celta, mas nas outras religiões que cultuavam a Mãe, a Mulher, a Deusa.

Símbolo do princípio masculino, o apogeu do Sol era indício do nascimento do Deus Chifrudo, identificado principalmente com a fauna e por isso esta carta revela uma influência positiva sobre as criações e os animais domésticos ou selvagens. O Deus Cornífero é também emblema do plantio, da semente inserida na terra e da colheita madura. É ainda um marco de saúde, vitalidade e alegria. A carta reporta a uma situação complementar, ao encontro de uma ferramenta, descoberta de uma solução, situação ou pessoa que pode viabilizar algo desejado pelo consulente. Momento de colheita, de abundância.

7 – Cicuta

Nesta carta há um alerta sobre as aparências enganadoras, o que parece benfazejo mas não é, as cobranças sociais e do meio imediato que não condizem com as exigências do Eu Superior, as armadilhas, os disfarces, a inveja, a falsidade. Cuidado com as falsas sincronias, os falsos sinais, as falsas coincidências. O prognóstico é de fofocas, perigos, prejuízos, maledicências, injúrias e calúnias. Há risco para a saúde ou a mesma pode estar debilitada. Atenção: algo pode estar produzindo mal físico, mental ou emocional ao consulente. A carta pode referir-se a um vício, a um ambiente nocivo ou ao mau uso da palavra por parte do consulente ou de alguém que deseja atingi-lo. É preciso reconhecer de onde vem o mal para evitá-lo e transpô-lo. As percepções holísticas serão aliadas nesta tarefa e, portanto, merecedoras de crédito.

A cicuta (Conium maculata) é uma planta da família das umbelíferas e produz um líquido oleoso, denominado cicutina, que é um veneno potente de odor nauseante. Com suas folhas, menos venenosas que seus frutos, fabrica-se um licor semelhante ao aniz.

8 — Cor Preta

No sentido oracular indica a incorporação do lado da sombra, a aceitação e a canalização construtiva do lado oculto e obscuro de cada um. Simboliza também tudo o que é refinado, elegante, misterioso e que não se revela facilmente. É ainda a capacidade de guardar segredos, o dom de captar tudo ao redor, absorver todas as influências e manter-se estável e centrado. É o oculto, o Grande Mistério do Universo.

Representa a inteligência aguçada capaz de perceber e observar tudo ao seu redor, um campo amplo de atenção e o poder da transmutação interior. Sendo a cor que absorve todos os raios de luz e não emite nenhum, reporta-nos ao autodomínio, à sobriedade e ao controle pleno de todas as faculdades. É a ausência de emanação de ondas coloridas e nos revela o poder da ausência do ego. É a luz imanifesta e o fundo que possibilita a existência da forma.

É uma cor de força, pois só está apto a absorver tudo de si e do mundo aquele que tem poder. É a cor predileta das feiticeiras e refere-se àquele que é capaz de extrair poder de tudo, lições de todas as circunstâncias e ensinamentos de todo o tipo de seres vivos.

O preto é uma cor de Saturno, altamente magnética. No vestuário ela revela sobriedade, bom gosto, discrição e sofisticação. O uso contínuo de roupas pretas pode ser indício de alguém que acalenta desejos secretos.

Na cromoterapia observamos que, sendo a cor do oculto e do mistério, ela produz medo. Sua ca-racterística de absorver os raios de luz faz com que gere calor. No Ocidente, por muito tempo, foi associada à tristeza e símbolo de luto, tradição que começa a cair em desuso. É o oposto e o complemento da cor branca, associada às impurezas, ao lado da sombra, às trevas e à bruxaria. No Egito simbolizava, além da morte, o mistério do renascimento e da ressurreição.

Nos primórdios da Antiga Religião, a pele era o traje ritualístico sagrado, tendo a nudez o sentido de despojamento, de auto-aceitação e da ausência de máscaras. Os contextos culturais e religiosos das épocas subseqüentes dificultaram tal prática e foi adotado o preto nas vestimentas, por ser a cor que mais bem alude ao Grande Mistério da Vida. Esta é também a cor do mais sábio, do mais velho e do oficiante do Oeste no ritual mágico.

9 – Gato Preto

Indica amizade verdadeira, intuição e proteção. O melhor procedimento será silenciar os pensamentos e escutar a voz interior. Refere-se também a uma ajuda vinda do plano espiritual, astral ou material. Simpatias, facilidades, colaboração e compreensão. Trocas satisfatórias.

A presença animal é uma constante essencial na vida de qualquer feiticeira. A magia natural está associada ao poder animal, bem como aos quatro elementos e aos reinos vegetal e mineral. Os grandes pajés, as mais poderosas feiticeiras e outros adeptos e praticantes da mais alta magia conhecem o segredo da "energia essencial", que só pode ser obtida através de um animal vivo. Os animais consagrados a determinadas divindades "jamais" são sacrificados com o intuito de agradá-las, mas são — pelo contrário — protegidos e tratados com muito carinho em louvor da entidade.

Considerados grandes amigos das bruxas, os gatos possuem o dom de absorver a energia negativa e as "carregações" do ambiente em que vivem e das pessoas com quem convivem. Atuam como um fio-terra, descarregando, desbloqueando e retirando do ambiente as energias dissonantes. Os animais podem carecer de potência racional, mas no plano astral sobrepujam o ser humano. As feiticeiras de várias linhagens perceberam isso e estreitaram seus laços com eles, algumas evitando radicalmente até mesmo comê-los para assim aumentar, entre outras coisas, o seu magnetismo pessoal.

Os gatos, possuindo sete vidas (alguns dizem que são nove), algumas delas devotadas a proteger o astral do ambiente que o circunda e o das pessoas que deles tratam ou que lhes dedicam amor, possuem grande capacidade de resistência, porém nem sempre são os animais prediletos do homem moderno. Seu espírito independente não raro é mal compreendido, pois demonstram seu afeto de modo muito diferente dos cães.

Os gatos pretos são, em virtude de sua cor, os mais indicados para a limpeza do astral. Cruzar no caminho com um gato preto indica, para uma bruxa, uma oportunidade de aumentar seu círculo de influência ou um presente da sorte. Não é à toa que os magos egípcios consideravam os gatos sagrados e do mesmo modo na atualidade eles ainda são cercados de mistérios e lendas. É bom lembrar que causar injúria proposital a um destes felinos pode significar o desaparecimento da sorte por todo o sempre.

10 — Caveira

Esta carta fala do passado e também refere-se ao que acabou e ao que precisa ser renovado. As cartas da mesma fileira vertical referem-se a acontecimentos passados e muitas vezes falam da necessidade de desprendimento de tais fatos ou de pessoas com quem houve laços em tempos anteriores, pois resquícios destas vivências podem estar atrapalhando o consulente na sua vivência do momento presente. É ainda a atua-ção de uma influência igualitária e um aviso de que a energia só pode ser valiosa se estiver plena no presente. Exorta à valorização da vida.

Muitas bruxas possuem cabeças de caveiras em suas casas. Elas atuam como um lembrete da importância do momento atual, pois o ser humano tende a colocar suas expectativas no futuro ou a relembrar o passado. Muitas vezes alguém suspira lentamente e diz que no seu tempo alguma coisa era melhor, mas o tempo é agora, o importante é estar vivo agora, aqui. É comum também que dúvidas, arrependimentos e desilusões geradas por atos passados bloqueiem o fluxo da consciência para a percepção e atuação plena no momento atual. O presente é o futuro do pretérito: então é chegada a hora. De nada adianta adiar as decisões interiores de enfoque da vida ou de atitudes relevantes para o auto-aprimoramento.

A caveira é também um alerta para que o ego não se infle, nem acalente concepções de que somos melhores que qualquer outra forma vivente. Como a caveira lembra a morte da matéria, ela é uma alavanca para a valorização da vida, pois nos conscientiza de que as pequenas hostilidades e mesquinharias auto-restritivas são incompatíveis com a dádiva que é a vida. A perda de tempo com estados de espírito desagradáveis é um contra-senso diante da condição humana de corpos mortais e pequeno tempo de vida diante de um mundo no qual a vida humana ainda ocupa um percentual equiparado a uns poucos segundos diante do tempo incomensurável de existência do universo.

11 – Útero

Simboliza o amor, a vida, a gestação, os inícios, os nascimentos, a criatividade e os aspectos de polaridades contrárias acopladas levando às criações. É uma carta positiva, ligada à Deusa Mãe, à terra, à gestação, ao planejamento de metas, ao nascimento das boas idéias, ao começo de empreendimentos vantajosos e ao encontro de posições complementares que possibilitam acontecimentos desejados.

A maioria dos humanos e também outros mamíferos sentem saudade da posição protegida, confortável e flutuante que ocupavam nos "cálices" de suas mães; portanto esta carta revela também um desejo de segurança, uma necessidade de compreensão e repouso.

No jogo, a carta do Útero pode ainda referir-se a uma volta às raízes, a um questionamento profundo que pode ser a chave para a libertação de conceitos limitantes arraigados no consulente por influência sociocultural.

A inveja primordial não era do falo, mas do útero, uma vez que as sociedades primitivas consideravam as mulheres deusas viventes, sendo a gestação um fenômeno misterioso. Nessa época a liderança era feminina. Com o advento do patriarcado e com a violência que com ele se instaurou houve a subversão de valores e passou a ser o falo um objeto de veneração, entre outras características socioculturais da dominação masculina.

Útero e falo são complementares, não possuem primazia um sobre o outro, pois a criação depende de ambos. Humanos não são superiores a animais, nem homens a mulheres, nem uma raça é mais bem dotada que outra. Qualquer discurso proferido no sentido de que uma classe de seres qualquer é melhor que outra obviamente vem da classe dominante ou reproduz seus valores. O desejo de perpetuação no poder e a vontade de desfrutar das regalias de ser "superior" trazem a distorção dos fatos por meio de idéias e conceitos que fluem na linguagem. Quem não se submeter ao "usurpador" poderá ser até mesmo vítima de violências físicas. As agressões físicas não são as únicas atrocidades cometidas: há a violência intelectual e a psicológica, muito eficazes, normalmente apoiadas em veículos de comunicação com apelos objetivos ou subliminares. A distorção cultural atua de forma tão preponderante que muitas vezes perpetuamos preconceitos sem desejar fazê-lo, uma vez que inúmeras idéias nos foram bombardeadas, incutidas, para que a elas aderíssemos, desde a nossa mais tenra infância. Tais conceitos e as práticas sociais decorrentes deles são revestidas dos juízos de valor sobre o que é aceitável ou louvável, mas enfim elas revelam racismo, machismo, nazismo, facismo, tortura, canibalismo etc. Por outro lado, a partir de um questionamento sincero, as inferioridades e superioridades desaparecem. Sendo a vida o bem maior que cada ser possui e decorrendo dela todos os outros valores, é perante a morte que podemos ver com clareza o que somos. Assim como o nascimento — momento em que todos os seres estão desprovidos de conceitos de superioridade —, a morte vem para todos, independentemente de cor, raça, credo, espécie e religião. Nascimento e morte revelam uma mesma verdade: basicamente todos somos diferentes, mas esta diferença não nos torna melhores ou piores. O que fazemos com o que somos é que faz a grande diferença, a natureza benevolente dos nossos pensamentos, sentimentos e atos é o que conta.

12 — Estigmas

Eram, na época da Inquisição, consideradas provas irrefutáveis de que o acusado de bruxaria havia feito pacto com o demônio. Esse procedimento dificilmente dava a alguém a chance de escapar, pois quase todos possuem marcas de nascença e, caso não as possuam, até mesmo certos ferimentos podem ocasionar cicatrizes semelhantes. Já os mamilos excedentes eram considerados provas cabais, das quais não havia a mínima chance de defesa ou explicação.

Estudos de fisiognomonia adentram pelo ramo da estigmatologia e ajudam a revelar a personalidade e as tendências das pessoas segundo a localização destas marcas. Indo além deste estudo, podemos sugerir que as cicatrizes, conforme apareçam no corpo a partir de acidentes exteriores, também revelam detalhes incorporados sobre a personalidade de seus possuidores e as ocorrências de seus destinos.

Neste baralho, o sentido também depende de onde esteja(m) localizada(s) a(s) marca(s) de nascença do consulente. É importante também notar as conexões desta carta com as outras da mesma coluna vertical, pois a carta dos Estigmas estará indicando as soluções e os caminhos do sucesso nos assuntos tratados pelas cartas a ela relacionadas. Vejamos as localizações:

. No rosto – Indicam carisma, diplomacia e habilidades políticas. O êxito está associado à retidão, à ética, à honestidade e ao compromisso com a humanidade.

. No nariz – Revelam uma natureza bélica, destinada ao comando e que precisa aprender a respeitar as opiniões alheias para chegar aonde deseja.

. Nos lábios – Pertencem a pessoas com o dom da palavra escrita ou falada. Vencerão exercendo o seu dom e atentando para a integridade.

. No queixo, no lado direito – São estigmas comuns aos artistas. As soluções apontam para a ação.

. No queixo, no lado esquerdo – Referem-se a uma natureza prática com potência criativa cuja realização dependerá da observação e da inserção oportuna no meio circundante.

. No queixo, no meio – Ocorrem nas pessoas de temperamento equilibrado e com grande senso de justiça. O caminho da alegria será o mais adequado.

. Na testa – São indícios de poderes psicocinéticos, mediunidade ou paranormalidade. Seguir a intuição é o conselho.

. No pescoço – Indicam aptidão para atuar com desenvoltura em várias áreas da vida. Precisam adequar-se ao fluxo do momento.

. No colo – Possuidores de lucidez e sagacidade carregam esta marca. Precisam concentrar seus talentos e insistir no que querem pois, sendo muito habilidosos e versáteis, tendem a dissipar energias.

. Nos ombros – Seus possuidores são amantes de viagens. Devem conciliar os opostos para obter a felicidade pretendida.

. Nos braços – Indicam índole afetuosa. Na vida conjugal e junto ou através dos amigos estas pessoas encontrarão a realização.

. Nos cotovelos – Anunciam vocação para levar alegria e diversão ao mundo. Será preciso controlar a agressividade para obter êxito.

. No peito – Revelam muita energia física. As aparências contarão e impressionarão levando os outros a abrirem as portas que conduzem aos objetivos.

. Nas costas – Seus possuidores são emocionalmente frágeis, mas muito talentosos. Conectar pessoas e interesses diferentes criará elos e pontes que possibilitarão descortinar mais do que o pretendido.

. No abdômen – Indicam natureza amável e cativante que atrai amigos e admiradores. São típicas das pessoas persistentes que mudam de estratégias, mas não perdem de vista seus alvos. Chegarão aonde pretendem em vários assuntos, contudo antes disso terão de vencer obstáculos diversos.

. Nos quadris – Idealistas, perfeccionistas e exigentes, os marcados com este estigma são também pessoas íntegras e confiáveis. O sucesso está relacionado ao passado, às tradições, ao inesperado e também a gestos altruísticos.

. Na genitália – Sensualidade e magnetismo acompanham estas manchas. Devem evitar a tendência a controlar pessoas e situações, pois agindo assim acabarão atrapalhando o rumo dos fatos a seu favor.

. Nas coxas — Os possuidores destes estigmas são líderes natos. Sucesso através do que é novo e do que é vanguarda. Quanto mais pessoas seus atos beneficiarem, mais alegria colherão.

. No joelho, no lado direito — Amabilidade e benevolência são suas qualidades marcantes. Vitória assegurada, depois de tentativas e lutas. Continue aperfeiçoando seu caráter e crescendo com os desafios.

. No joelho, no lado esquerdo — Indicam espírito inquieto, aventureiro e independente. Sorte através da ousadia.

. Nas pernas — Ânimo empreendedor e interesses sociais caracterizam quem tem esta localização de estigma. Superando seus limites anteriores, terão sucesso.

. Nos pés — Marca característica dos que vencem através de seus próprios esforços e são reconhecidos no seu meio devido a habilidades únicas. Terão de fazer uma opção para galgar o êxito a que se propõem.

. Possuidores de mamilo(s) excedente(s) — Natureza instintiva, índole protetora. Estar preparado é importante, pois as oportunidades surgirão inesperadamente.

13 – Sexta-Feira Treze

A sexta-feira 13 é geralmente considerada um dia desafortunado. Não obstante, para as bruxas seu significado é exatamente o contrário do convencionado. Sendo as bruxas mulheres que ousaram e ousam desafiar os conceitos preestabelecidos e que desejam banir a superstição e o preconceito buscando as causas e as raízes dos fatos, elas o consideram um dia propício. Assim sendo, neste contexto divinatório, o significado desta carta é sorte inesperada, realização afetiva e mudanças que dão motivos para celebração. Por ser uma data, esta carta revela também que as possibilidades afortunadas virão em breve e estão relacionadas ao sentido das outras cartas da mesma fileira vertical. O número treze, que pode ser reduzido a quatro somando-se um mais três, indica qualquer tipo de transformação. O número quatro simboliza os limites materiais e o número treze, composto de um e três — máximas da auto-expressão —, mostra a transposição destes limites, ou seja, uma mudança do estabelecido, uma nova composição, relacionada ao plano físico. Já a sexta-feira é o dia consagrado a Vênus, deusa do amor, da beleza, da sensualidade, protetora das artes. Vênus é um planeta de ação benfazeja, harmoniosa, e traz benefícios afetivos e materiais. Do conjunto — sexta-feira, treze, Vênus, quatro, um e três —, o sentido destacado é de modificação feliz, mudança benéfica, transformação afortunada, levando a melhoria material ou afetiva, enfim: sorte!

14 — Círculo Mágico

Simboliza a aura do consulente e seu círculo de influência, este último sendo determinado pelo seu amor e por vezes por seu ódio ou hostilidade. Até onde vai o amor de cada qual pelo mundo, estende-se também o diamêtro de seu círculo de influência. Entretanto, os sentimentos hostis provocam falhas no círculo e determinam as influências negativas proporcionais que podem atingi-lo. Isto significa também que nenhuma mandinga pode atingir aquele cuja aura só emana luz e amor; contudo, como nós humanos temos nossas falhas...

O Círculo Mágico representa também o lar, a família, os amigos íntimos, a privacidade e os elos emocionais mais próximos ao consulente.

Círculos mágicos podem ser traçados de várias maneiras e com as mais diversas finalidades. Assemelham-se às mandalas tibetanas e indianas, aos pontos cruzados dos guias e à escrita dos orixás. Conforme as inscrições, horário, dia da confecção e material utilizado, eles invocarão determinados poderes. Os círculos mágicos dão proteção invisível aos que estão em seu interior e atraem ou emitem determinadas energias. Atuam de maneira semelhante a alguns talismãs e muitos destes são elaborados conforme os princípios magísticos supracitados. Certos conjuros podem ser recitados durante a sua feitura. Já algumas mandalas tibetanas são em si mesmas mantras gráficos.

15 — Talismãs

Onde quer que esta carta apareça no jogo, ela é uma referência ao dinheiro, aos bens materiais, às riquezas, à fama, ao reconhecimento público, a honrarias e também simbolizará tudo que é almejado pelo consulente.

As bruxas são versadas nas ciências talismânicas. Igualmente são hábeis na confecção de amuletos, objetos que têm a função de repelir as influências negativas. Elas dedicavam parte de seu tempo à elaboarção de talismãs que tinham por objetivo atrair tudo que consideravam auspicioso. Tal ciência requer um conhecimento exato das correlações de metais, pedras preciosas, símbolos, cores, formas, perfumes, entre outros inúmeros itens compatíveis com o que se quer atrair. O conhecimento astrológico também era indispensável, pois horas, datas e lugares deveriam ser respeitados para a elaboração de um objeto de poder. A imantação de um talismã é um capítulo à parte, pois encerra profundos conhecimentos de feitiçaria; todavia o estado mental e emocional deve ser de grande concentração, pois o objeto durante sua confecção está aberto a todas as formas-pensamento que perpassam a mente do artesão. Este fato ilustra por que certos objetos, sem qualquer referencial talismânico, parecem ter determinadas propensões. Não só as formas-pensamento impregnam os objetos, mas o conjunto de materiais, o momento no qual foram feitos, o *design* com que foram talhados, tudo isso colabora para o destino de cada forma criada pelo ser humano no mundo material. Sabendo disso, as bruxas potencializam os efeitos desejados através de estranhos objetos, dotados de grande força, elaborados segundo as mais interessantes observações sobre a natureza e suas peculiaridades.

16 — Tempestade

Conjunção de forças titânicas da natureza, em que fogo, água e ar atingem a terra; é um momento mágico no qual a natureza revela sua grandeza. Ao presenciar a tempestade, a bruxa sabe que é chegada a hora; um momento mágico, especial. A convulsão simultânea dos elementos pode ser aproveitada por aqueles que estão preparados e, é claro, as bruxas estão. Aguardavam a oportunidade, há muito preparavam-se para ela. Ícone de transformação e mudança, na vida mundana a carta da Tempestade pode significar um momento tumultuado, confuso, em que tudo se rebela parecendo tomar vida própria. As forças do destino entram em ação e chocam-se entre si. Pode ser um momento de crise, questionamento ou revolução pessoal. Padrões antigos mostram-se inúteis e os padrões novos parecem inatingíveis; enquanto isso, algo precisa ser feito e o momento atual apresenta desafios. O caminho a seguir é confuso. Em vez de lamentar-se o consulente deve, como as bruxas, aproveitar esta descontinuidade momentânea para lançar-se em novas empreitadas, experimentar novos caminhos, testar outros mecanismos e livrar-se do que não é mais válido em sua vida. Não há dúvidas de que a energia deste momento requer ação, ao menos uma pitada de ousadia, um mínimo de risco. A magia deste instante e as oportunidades que ele é capaz de revelar só podem ser vistas e aproveitadas para aquele que "pagar para ver". Se as coisas parecerem muito difíceis o consulente deve relaxar. Se não estiver pronto para enfrentar os desafios e cruzar o portal, apenas perderá um impulso; sem dúvida os problemas irão passar, pois "nunca choveu e não parou".

17 – Livro das Fórmulas

No livro das fórmulas as bruxas anotavam todos os procedimentos para viabilizar cada fórmula. Todos os componentes, as palavras mágicas e outros detalhes da elaboração de seus ungüentos, poções e filtros eram cuidadosamente escritos e guardados. Não raro era utilizada uma linguagem cifrada com o fim de proteger os conhecimentos. Este livro era guardado tal qual um tesouro, pois qualquer falha na formulação podia trazer efeitos indesejáveis ou mesmo nocivos. Formulações com plantas venenosas e também curativas tinham medidas exatas e requeriam muito cuidado na manipulação dos ingredientes: uma dosagem um pouco maior poderia ser fatal, uma dosagem um pouco menor não produzia efeitos.

Essas fórmulas eram ensinadas para as bruxas que, após serem iniciadas, passavam a participar de um coven. Os covens tradicionais são reuniões de doze membros da tradição e inúmeros seguidores. O 13º membro é a Senhora, a quem cabe presidir a reunião e todas as atividades constantes desta. Entre os doze membros, quatro oficiantes simbolizam as quatro direções. Tais reuniões ocorrem nos sabás e esbás que são, respectivamente, rituais e festividades relacionadas às estações e às lunações.

Na época da Inquisição, os livros das fórmulas foram queimados pelas próprias bruxas e por isso muito pouco deles chegou até os nossos dias. Naquela época qualquer anotação da combinação de ingredientes com fins mágicos ou curativos encontrada com alguém constituía prova suficiente de que a pessoa era uma feiticeira; e ela estaria destinada à fogueira. Assim sendo, as bruxas guardavam as fórmulas na memória e, tão logo lessem algum livro que circulava entre as feiticeiras, ou o passavam em frente ou o queimavam. Se os inquisidores encontrassem um destes livros com alguma mulher, esta seria acusada de bruxaria e obrigada sob tortura a delatar os outros participantes dos covens, bem como quem lhe fornecera o livro, quem o escrevera e o local das reuniões.

Esta carta simboliza a profissão do consulente e tudo o que se relaciona com a sua carreira e com seu ambiente de trabalho. Afirma a constante necessidade de conhecimentos, informações e aprimoramento, no setor profissional ou em qualquer outro.

18 — Vassoura

Significa progresso e movimento ou mudança. Assinala longas viagens, mudanças de residência e modificações no lar que incluem também alterações relativas à família como mudança de estado civil, nascimentos e festejos.

Este instrumento de limpeza doméstica, tão usado pelas mulheres, tem sua imagem associada às bruxas. Após o declínio forçado do matriarcado, as mulheres ficaram atadas às tarefas do lar; contudo sua imaginação não ficou contida entre quatro paredes. O pensamento e o espírito não podem ser limitados e assim, durante os afazeres domésticos, elas alçavam vôos altos de imaginação, visualização e criação mental. O ato repetitivo de varrer também facilitava – como qualquer outro ato repetitivo – um estado alterado, um transe, através do esvaziamento da mente. A partir daí o canal ficava aberto para a recepção de formas-pensamento intuitivas, mensagens telepáticas e acesso a outras dimensões perceptivas. Assim sendo, o estado de espírito feliz dessas mulheres causava estranheza pois, embora obrigadas a serem submissas, constantemente discriminadas e quase sempre inferiorizadas, elas estavam plenas e a luz interior transparecia através de seus olhos; por isso levantavam suspeitas.

Mesmo que as bruxas não possuíssem objetos exóticos com simbolismos mágicos, as classes dominantes atribuíram à vassoura um papel fora do seu contexto. Se as mulheres falavam de lugares onde não tinham estado e descreviam situações que apenas povoavam os seus sonhos ou por onde tinham passado em seu duplo etérico, seus opressores imaginavam que deviam voar auxiliadas por algum objeto mágico disfarçado no seu cotidiano; então a vassoura passou a povoar o imaginário coletivo, predominantemente o masculino. Vassouras voadoras, que conduziam as mulheres a sabás orgiásticos. Mas nada pôde ser feito contra as vassouras porque eram e são uma ferrramenta indispensável na higiene do lar.

Uma viagem longa ou para um lugar distante, ou mesmo uma viagem sonhada, pode estar implícita sob este símbolo. A intuição e o instinto estão aguçados nos assuntos relacionados a esta carta. Uma mudança no lar ou de residência poderá ocorrer. Assuntos domésticos ou soluções sobre assuntos do cotidiano estarão em pauta. A indicação é positiva, pois as forças negativas serão "varridas" da vida do consulente no setor referente a esta carta, o mesmo acontecendo em relação às pessoas indesejáveis. Pequenos atos simbólicos ajudarão a concentrar energias para as consecuções almejadas. Datas festivas e comemorações poderão ainda ter lugar.

19 — Conjuros e Encantamentos

Neste baralho, esta carta denota a palavra certa dita na hora certa e trazendo resultados satisfatórios. É a oportunidade que surge e, se pudermos agarrá-la, teremos sucesso. São as ações concatenadas coerentemente e de acordo com todos os elementos envolvidos, adequando-se e fluindo com o curso natural da energia do momento presente. É ainda a confiança na própria luz e a expressão da energia pessoal e da "vontade de potência". Indica uma chance, um alento, uma ajuda dos ventos no destino a que se deseja chegar. A auto-expressão é a mola mestra. Há indícios de colaboradores, ajudas, aliados e facilidades. Os fatos se encaixarão. No amor é afirmação de sedução; nos negócios, indicativo de adesão. No plano geral é a inserção autoconfiante e significativa do consulente no mundo. Alcança-se aquilo para o que se estava destinado. Embora haja facilidades, será preciso fazer a própria parte.

Os Conjuros e Encantamentos guardam relação com as cartas do Círculo Mágico e do Segredo.

Nossa inserção construtiva no mundo acontece no âmbito magnético de nosso campo de influência (ver Círculo Mágico) e sua força é diretamente proporcional à nossa energia acumulada e canalizada. Manifesta-se através de algum tipo de linguagem, carregada de autenticidade pelo seu sentido e pelos seus propósitos. Conjuros e Encantamentos são flechas que saem para os seus alvos e retornam com uma conquista. Maus propósitos podem torná-los bumerangues e a ansiedade pode fazer com que se ambicione algo inadequado, que uma vez obtido só trará aborrecimentos. Por isso os Conjuros e Encantamentos devem visar em primeiro lugar à adequação pessoal, à afinidade e à bem-aventurança real. A obsessão por um objeto de desejo é perigosa, pois somente em um estado de espírito tranqüilo é possível vislumbrar as diferenças entre "o que reluz" e "o que é ouro". Objetivos amorosos e pacíficos também retornam ao seu emissor e a força com que foram lançados traz ressonância no círculo de influência, expandindo-o. Em suma, correspondem ao *quantum* energético de cada um.

No aprendizado de feitiçaria, um capítulo importante é dispensado a esses tópicos. Treina-se a mira, entre outras técnicas, pois apenas a força não garante que a flecha chegue ao alvo. Da mesma forma, na vida cotidiana, não é só o acúmulo energético que garante os resultados, mas também a sua canalização. O posicionamento segundo a linha de menor resistência, neste caso, significa obter o impulso do momento presente, fazer dos elementos e situações da vida diária instrumentos de impulso que conduzem ao local onde se quer e se deve estar.

20 — Asa de Morcego

Concebemos a magia natural como uma prática esotérica (oculta). No sentido exotérico (aparente) ela é concebida no seu sentido literal, o que a relaciona a práticas excêntricas, de cunho materialista e rituais estranhos. Já no sentido esotérico entendemos sua linguagem como um código velado referente a uma dinâmica espiritual. Assim, asa de morcego, pó de lagartixa, olho de cobra e similares nada mais são do que alusões a poderes que devem ser suscitados, ou ainda podem referir-se a certas plantas mágicas e ervas medicinais. Traduziríamos assim "pé de coelho", por exemplo, como uma referência à fertilidade e à rapidez; "cérebro humano", por exemplo, como uma referência às habilidades racionais. No entendimento apresentado por este baralho, o caldeirão equivale ao cadinho dos alquimistas e os ingredientes são também as qualidades que devem ser despertadas no interior de cada um, visando ao aprimoramento do caráter. Interferir no livre-arbítrio de outras pessoas, manipular vontades e situações ou fazer mal aos outros não é a verdadeira feitiçaria, a qual extrapola os ditames mundanos. Muitas das formulações herbáceas, contudo, podem ser interpretadas no sentido literal, nos casos de medicina natural, e a maioria dos componentes estranhos das fórmulas refere-se a ervas conhecidas por nomes peculiares, no jargão das bruxas, devido a suas formas ou propriedades.

Neste baralho, a Asa de Morcego aparece simbolizando os falsos sinais, as coincidências que surgem para testar e confundir, aqueles que surgem para desviar o consulente do seu caminho, as tentações, as concepções errôneas e os rivais. É a provação, o desafio, o teste e só aquele que acertar a "palavra de passe", isto é, que não for presa das aparências enganadoras, das pretensas intuições e dos parâmetros distorcidos poderá ultrapassar esta etapa ileso. O tamanho das provações, rivalidades, competições e enganos será proporcional à profundidade na qual o consulente se enredar. Contudo, se não for possível escapar de certos dissabores, então que a lição que encerram seja assimilada o quanto antes para que se dissolva na luz o que possa oprimir o consulente.

21 — Sortilégios

A carta dos Sortilégios é uma indicação do futuro e as que estão ao lado desta, na mesma fileira vertical, representam acontecimentos vindouros. Como estratégia, sugere que o consulente antecipe-se aos fatos, adequando-se ou surpreendendo a partir da sua sintonia com as tendências futuras.

A leitura dos presságios, a interpretação dos sonhos, a decodificação de fatos e coincidências, bem como a predição do futuro por vários métodos divinatórios, são práticas constantes da bruxaria. Algumas feiticeiras exercem melhor seu dom atuando na magia curativa, outras na magia ritual ou oracular ou ainda em práticas licantrópicas (ver licantropia) etc. Existem também inúmeros sortilégios que atuam em um univeso de "sincronicidades", de acesso ao "campo unificado", dentro das possibilidades de uma lógica aleatória que pode ser explicada com modelos da geometria fractal. Nestas interações desconhecidas, nos labirintos e horizontes incomensuráveis dos registros energéticos universais, as bruxas penetram e, por meio de procedimentos específicos, lançam seus sortilégios ou decodificam tendências futuras.

O sortilégio nem sempre está na esfera da atuação divinatória ou na leitura de presságios. Muitas vezes relaciona-se à sedução quase hipnótica que alguém com suficiente magnetismo pode lançar sobre outra pessoa. Este magnetismo pode ou não estar relacionado a uma prática mágica. Invocações, benzeduras, rezas fortes, orações, pragas, bençãos e vaticínios são também considerados sortilégios.

22 – Amanita Muscaria

Sinal de revelação, dádivas, êxtase, intuição. É uma carta símbolo de graça e misericórdia. Lembra, porém, que tudo tem um preço e os atalhos, os caminhos fáceis e prontos também exigem um retorno: "a vida é uma estrada de mão dupla". A iluminação espiritual é fruto de muito empenho, de propósitos e atos cristalinos, de um caráter lapidado e não raro, de rompimentos com padrões grupais e sociais dissonantes da indicação do Eu Íntimo. Podemos solicitar e obter ajudas cósmicas, mas temos de fazer a nossa parte. A parcimônia, a integridade, o amor cósmico e o equilíbrio serão os pilares de uma manifestação gloriosa.

"Amanita muscaria" é o nome científico de um cogumelo de chapéu vermelho, utilizado no xamanismo siberiano e também muito citado no folclore europeu. Seu ciclo é simbiótico com as bétulas e os abetos, árvores encontradas em regiões muito frias do hemisfério norte. Por possuir um alcalóide psicoativo, foi identificado como sendo um dos ingredientes da bebida sagrada conhecida como "soma", líquido citado nos Vedas e também utilizado na Pérsia, na época do pré-zoroastrismo (quando foi chamado "haoma"). Segundo a cultura védica, é relacionado ao deus lunar Indra e chamada de "soma rasa", sendo seu néctar desfrutado nos planetas celestiais. Outro cogumelo que também diz-se ter sido um dos ingredientes fundamentais da bebida celestial e cuja simbiose relaciona-se ao gado é o *Stropharia cubensis*. Pode ter sido ele e não o *Amanita muscaria* um dos componentes da soma.

Os cogumelos são fungos de alta aplicação na magia, pois eles são o hábitat de certos espíritos da natureza. Alguns possuem venenos enérgicos em sua constituição e outros facilitam a experiência extática visionária. Como outras plantas de poder, sua utilização encerra riscos, requer conhecimentos e deve ser feita com grande reverência.

23 — Capa

A discrição será necessária. O momento sugere resguardo até que a situação possa ser percebida com mais clareza e que os elementos envolvidos em determinadas ações e reações possam ser identificados segundo suas interações particulares. Qualquer julgamento agora pode ser precipitado, pois os vários fatores em ação estão difusos no que se refere aos seus verdadeiros efeitos. A Capa relata uma retirada, uma espera, uma atuação subliminar, uma ação subjetiva ou sob disfarce, isto é, uma máscara conveniente. Não é momento para qualquer tipo de revelação. Mostra pessoas, circunstâncias e efeitos desconhecidos que induzem a cautela.

As bruxas e os feiticeiros muitas vezes optavam por usar capas escuras que os fundiam com as sombras, fazendo com que passassem despercebidos. Artes ilusionistas também eram e são favorecidas pelas capas que encobrem manobras sutis e rápidas, criando os efeitos pretendidos. Assim, muitos feiticeiros e feiticeiras hábeis disfarçaram-se com elas e também utilizaram-nas para técnicas de invisibilidade. Criando determinados efeitos, com o auxílio das capas, eles circulavam por diversas regiões do mundo, diferentes camadas sociais e ambientes, sempre adequando-se aos mesmos. Sendo assim, este acessório era parte fundamental para as bruxas que praticavam a arte do disfarce, e as habilitava a exercer no mundo cotidiano vários personagens, visando objetivos específicos.

24 – Caldeirão

A carta do Caldeirão possui vários significados; portanto, deve ser interpretada segundo seu contexto, da forma mais apropriada. Em todos os casos é sempre uma carta de grande força e sua fileira vertical ganha importância. Revela, pela sua forma côncava, que a receptividade é necessária. O consulente deve aceitar as experiências que ocorrerem em sua vida, extraindo das mesmas o supra-sumo, pois delas retirará aprendizado, conhecimento e sabedoria. A experimentação será indispensável. Se erros forem cometidos, deverão ser consertados e sua lição aprendida. A ação é fundamental quando surge esta carta, porém ela deverá fluir em plena adequação com a dinâmica externa, pois toda e qualquer interferência devida a desejos mundanos e pressuposições virá alterar a "fórmula" e proporcionar um resultado indesejável. É bom lembrar também que certos contratempos e problemas são apenas bênçãos disfarçadas que não reconhecemos imediatamente.

25 – Magia Ritual

Esta carta prognostica formalidades, tradições e hábitos. Avisa que, ao lidarmos com pessoas fúteis, superficiais ou possuidoras de valores restritos, contam apenas as aparências e os procedimentos formais. O consulente será julgado pelo que aparentar. Esta carta ainda alerta para o valor da essência e do conteúdo, e para a banalidade das aparências. Apesar da importância secundária das aparências, elas são muito visadas em primeiros contatos, pois faltam outros referenciais. Ademais, vivemos em um mundo material, pleno de limitações, e assim as aparências ganham papel de destaque, propiciando rótulos que muitas vezes distorcem a realidade. Desse modo, prevalecem os conceitos preestabelecidos. Nesse contexto mais vale uma mentira que pareça real do que uma verdade desprovida de aparatos que lhe sustentem a imagem.

Os rituais, embora constituam forte apelo emocional e psicológico, são apenas formas – sem valor intrínseco – de acessar o Templo Interior. Algumas pessoas deleitam-se com os procedimentos ritualísticos; contudo, para outras eles são completamente dispensáveis, uma vez que estas conectam-se com o Eu Íntimo sem procedimentos intermediários. O que importa, na verdade, é sintonizar com o Templo Interior e, sendo assim, ambos os trajetos são válidos. A magia ritual é um meio, não um fim. Desde que a forma externa utilizada para alcançar a essência interna não comporte procedimentos mórbidos, esse meio de harmonização é válido. Com ou sem a Magia Natural, é só no íntimo que conseguimos as revelações. Os seres humanos são notadamente simbólicos e isto faz com que os rituais lhes infundam maior reverência e atenção, atributos indispensáveis para o acesso ao Eu Interior. Certos procedimentos facilitam a entrada em estados de consciência subliminares e assim despertam a capacidade de entendimentos profundos. Este é o grande valor dos rituais inspiradores.

26 – Meimendro Negro

O Meimendro Negro, planta da família da solanáceas, originária da Europa, encerra propriedades mágicas, medicinais e entorpecentes. Seu uso pelos leigos é perigoso, por tratar-se de uma planta altamente tóxica. Na magia tem diversas aplicações, algumas das quais com fins obscuros ligados à loucura e desarmonia, mas também relacionadas à profecia, porque abre os canais visionários. Esta planta relaciona-se ao planeta Saturno, sendo também um dos componentes do famoso ungüento das bruxas. Seu nome científico é *Hyoscyamus niger*.

Na consulta oracular, a lâmina de número 26 é um indicativo de trato com autoridades, empresas privadas, órgãos governamentais e instituições públicas. O Meimendro Negro também simboliza pessoas em posições hierarquicamente superiores. Estão implícitos procedimentos burocráticos e toda uma gama de atividades que caracterizam um sistema. Esta carta refere-se ainda a assuntos que demoram a ser resolvidos, às pessoas mais velhas do sexo masculino e ao exercício do poder, notadamente o público. Quando seguida de cartas que indicam obstáculos, sugere problemas com autoridades e com figuras masculinas em posição de poder. Quando seguida de cartas benfazejas denota proteção e benefício oriundo de pessoas, órgãos do poder ou familiares mais velhos.

27 — Sacrifício

Os pilares da mais pura feitiçaria estão relacionados ao culto à natureza e ao respeito a todas as formas de vida, mas em algum momento é provável que tenha ocorrido uma deturpação por parte daqueles que desconheciam a verdadeira essência da bruxaria. Esta deturpação foi que deu origem aos sacrifícios, inclusive o de vidas humanas sob o pretexto de práticas de feitiçaria. Estes procedimentos, contudo, são incompatíveis com as verdadeiras bruxas, as que conhecem segredos da vida e da natureza e alcançaram qualquer grau de revelação. Talvez os praticantes desta pretensa bruxaria, não iniciados, tenham sido logrados por não ter acesso à linguagem iniciática e assim dedicaram-se a práticas distorcidas. Infelizmente a bruxaria, a magia natural, a feitiçaria passaram a ser vistas sob o prisma hediondo de tais procedimentos inconseqüentes e despropositados. O termo "sangue de recém-nascido" é uma alusão a um coração puro que nutre em seu íntimo uma luminosidade intocada, assim como costurar a boca de um sapo – lembrando que o sapo é um símbolo da alma feminina e de seus poderes intuitivos – refere-se a guardar silêncio sobre determinada pessoa ou assunto. O sacrifício é um ritual desnecessário, quando envolve dor ou martírio, uma deturpação da forma material e sagrada de se buscar a harmonização cósmica e este fetichismo inverso traz como conseqüência carmas dolorosos. Toda dor que se leva ao mundo, retorna. Não existem seres superiores, nem inferiores: existem seres diferentes. Apenas o amor, o caráter, a humildade e a bondade, entre outras qualidades, podem determinar os mais evoluídos. A pretensa superioridade humana sobre qualquer reino (vegetal, animal e mineral) é uma premissa totalitária, premissa idêntica em teor à que levou humanos a cometerem atrocidades contra seus semelhantes baseados na idéia falsa da prevalecência de uma raça sobre a outra. É o totalitarismo da classe dominante e sua falta de ética quanto à classe dominada. Nestes casos, os detentores do poder listam motivos e justificativas para legitimar seus atos e obter adesão daqueles que lhes são úteis para prosseguir com seus planos egoístas e destrutivos. Na bruxaria, sabemos que a Mãe Terra e todos os seres vivos formam um grandioso ecossistema. Não há como prejudicar o outro sem prejudicar a si mesmo e não há fundamento teórico ou crença que possa evitar o encadeamento de ações e reações e que, neste caso, aumentam indesejavelmente o carma pessoal e o carma da humanidade.

Sacrifício significa "tornar algo sagrado", porém tanto sangue foi derramado em vão, em nome do sagrado, que a palavra esvaziou-se do seu sentido original. O sofrimento pode ensinar lições, mas só cabe a ele o cargo de mestre quando falharam todos os outros mestres, como o bom senso, o discernimento, a percepção, a alegria, a análise, o amor, a empatia, a intuição etc. A idéia de tornar algo sagrado por meio da dor e não do prazer disseminou-se pela introjeção do sentimento de culpa e da projeção de apetites carnais e humanos grosseiros nas divindades. A cada vida sacrificada o Cordeiro é recrucificado. Quanto a tornar sagrado essa é uma atitude de reverência que deve permear a consciência em cada ato, a cada coisa que se utiliza, mantendo um estado mental e emocional de gratidão pelo ar que respiramos, pelas bênçãos do sol, pela graça da comida, pelos objetos manufaturados. Enfim toda a Criação é dádiva, tudo é sagrado, falta apenas reconhecer.

Neste baralho, esta carta indica a passagem de uma situação cármica que pode ser agradável ou não. Um carma difícil relaciona-se com a dor causada que retorna na mesma proporção e um carma feliz é resultado do retorno de um ato benfazejo praticado, algo imaculado em consciência, algo que assim tornou-se sagrado, e tem o sentido de nos reconectar com o Criador, incorporando a verdadeira religião (religar). Para reconhecer de que tipo de carma trata-se, quando esta carta surge no jogo, é preciso consultar as outras da mesma fileira vertical.

28 — Fogueira

Mais de 100 mil mulheres foram queimadas vivas na Idade Média sob a acusação de bruxaria. Assim, as mulheres restantes foram subjugadas e o matriarcado substituído pelo patriarcado. Como em uma guerra, o poder foi usurpado por meio da violência — filha do medo e da covardia. Violência, arma de coação empunhada pela classe dominante. A supremacia da classe dominante foi conservada graças a punições e flagelos terríveis acompanhados de uma intensa campanha que apregoava a inferioridade feminina. Este mesmo tipo de violência verbal e física apareceu em outros contextos de pretensa supremacia, tais como a Ku Klux Klan, o nazismo etc.

Neste jogo, a carta da Fogueira simboliza o autoritarismo, as brigas, as competições, as disputas de poder, a violência e a arbitrariedade que costumam acompanhar os poderes constituídos — até mesmo os "democraticamente" —, a prepotência, a intolerância. Indica hostilidades ou até mesmo perseguições. Representa ainda os rótulos falsos, embora convicentes, que são utilizados para desmoralizar os dominados, os subalternos, os que se situam na condição de mais fracos. Abrange ainda a tirania doméstica ou política, o abuso do poder, intrigas, demandas e questões de justiça. O consulente deve ficar alerta e desconfiar das falas tendenciosas, dos "lobos em pele de cordeiro". Métodos injustos, ilícitos e antiéticos podem prevalecer embasados em posições hierarquicamente superiores ou disfarçados de sabedoria.

Apesar dos sofrimentos da morte na fogueira depois de inúmeras outras torturas, tal perversidade manteve um aspecto de purificação. Em diversas culturas a cremação era uma maneira de garantir aos mortos uma passagem adequada para o mundo dos espíritos. Por vezes tais práticas eram restritas aos valorosos guerreiros ou a outras pessoas de grande destaque na comunidade, como curandeiros etc. No caso das bruxas, o objetivo foi a tortura física e psicológica destinada a tornar as mulheres seres amedrontados e submissos, contudo a ação redentora do elemento fogo, garantiu uma liberação transmutadora dos laços da matéria.

29 — Licantropia

A Licantropia é o termo usado para definir um poder possuído por muitas bruxas e xamãs, que consiste em uma transformação dessas pessoas em animais. Tais transformações trazem à tona novas percepções e energias são incorporadas. Na pajelança, tal como é praticada por nativos de muitas tribos e por seus descendentes, a licantropia e a interação com os espíritos animais são prática comum. Trabalhos de cura são realizados com o auxílio de espíritos animais. Muitas das artes marciais do Oriente tiveram como ponto de partida os movimentos dos animais. Na mística do povo cigano os animais possuem grande valor simbólico e estão integrados na cultura nômade. No xamanismo brasileiro, no norte-americano e no siberiano, o animal muitas vezes tem o *status* de divindade. Também no Antigo Egito e na cultura dos Maias e dos Incas o animal teve seu papel de destaque relacionado a práticas esotéricas. No universo das bruxas a gratidão ao reino animal era expressa segundo os rituais centralizados no "deus chifrudo", enfim o próprio Espírito Guardião de todas as espécies animais. Na magia natural, além das fórmulas que contêm ingredientes animais – que, como já explicamos era uma forma velada aos não iniciados de transmitir conhecimentos –, as bruxas praticam a licantropia, expandindo seus canais perceptivos, atuando em outras esferas e abrindo canais para vôos inimagináveis.

No jogo esta carta sugere uma ação bastante diferente das anteriores. Primeiro, o consulente deve observar a situação de um outro prisma e partindo de referenciais alheios. Depois deverá atuar baseado nas novas observações. Nesta carta há também um sentido de instinto, que é uma percepção diferente da intuição, embora ambos se apresentem de maneira similar por não dependerem da capacidade de raciocínio: o instinto é visceral e a intuição é etérica. O instinto foi dominado por meio da socialização humana e deu ao homem a oportunidade de optar em casos em que seria presa de instintos que não lhe conduziriam até onde desejava ir. Esta foi uma aquisição importante, a partir da razão. Por outro lado, o racionalismo imperou quando só lhe caberia metade da fatia e assim a outra metade que caberia ao instinto foi apagada. Os animais selvagens, por exemplo, ao adoecerem, instintivamente comem as plantas e os frutos que contêm os princípios ativos capazes de promover a sua cura. O ser humano perdeu esta capacidade. Assim, na caída desta carta, devemos valorizar o instinto que nos vem como uma sutil percepção ou nos causa uma sensação física e um impulso de agir. Todavia, é bom lembrar que o equilíbrio entre razão e instinto deve ser observado; contudo, a ênfase é no caminho instintivo que será a melhor saída, a melhor solução para o setor da vida em questão.

30 — Filtros do Amor

Estas poções mágicas são destinadas a despertar o amor de alguém ou a mantê-lo. Outras beberagens preparadas com ervas apropriadas, colhidas na fase da lua adequada, observando disposições planetárias e outros itens, eram, e são, elaboradas para os mais variados fins, inclusive medicinais. Antes mesmo que qualquer pesquisa científica fosse levada a cabo, as bruxas da Antiguidade conheciam várias plantas medicinais, alucinógenas e mágicas. Atualmente, no que concerne flora medicinal, o que mais ocorre é a comprovação científica da validade do conhecimento das curandeiras, dos pajés e dos matutos que vivem em regiões isoladas. Aumenta a cada dia o interesse de botânicos e de outros cientistas pelos espécimes vegetais utilizados pelos povos nativos e pelos nossos ancestrais. Alguns espécimes já desapareceram, outros correm esse risco, pois pertencem a ecossitemas frágeis e peculiares e a devastação do meio ambiente prossegue; outros nem sequer são pesquisados, pois quando da dizimação das bruxas elas levaram consigo parte de seus segredos e a linguagem velada de suas fórmulas nem sempre permite uma correta decodificação. Certos matutos conhecem flores e cactus comestíveis por nomes muito exóticos que impossibiltam qualquer relação lógica com o nome científico da planta, o mesmo ocorrendo com as plantas medicinais. Os índios do Brasil perderam grande parte de seus conhecimentos no processo de aculturação e assim segredos valiosos — que foram preservados devido a uma tradição oral —, pertinentes ao seu conhecimento da flora, foram esquecidos. Embora na atualidade haja empenho em resgatar estes valiosos conhecimentos, no que diz respeito às plantas de atuação etérica não houve grandes progressos. Os filtros do amor, assim como o ungüento das bruxas e outras poções mágicas que atuam no plano subliminar, continua sendo um mistério insondável, pois no sentido para-psicológico a humanidade atual ainda engatinha entre a incredulidade, a superstição e o total assombro.

Na consulta a presença desta carta é indício de atração, sedução, paixão, amor, relacionamento. Se é um novo amor ou um reatamento ou a manutenção de uma relação preexistente, somente as outras cartas da mesma fileira poderão esclarecer, bem como sobre os desdobramentos positivos ou não da relação afetiva. No que se refere à saúde, é um prenúncio de cura e pronto restabelecimento. Em ambos os casos trata-se de acontecimentos que primeiro são plasmados no astral — de algum modo — e depois se materializam.

31 — Nudez

Esta carta tem o sentido de pureza, espontaneidade, sinceridade, verdade, despojamento. As pessoas mostram-se como são, desprovidas de máscaras. Refere-se à superação dos condicionamentos, dos rótulos e a um maior autoconhecimento. A nudez, como é encarada pelas bruxas, não requer compatibilidade com modelos estéticos, nem é sinônimo de sexualidade, mas é o estado natural no qual todos nós viemos ao mundo. Nosso corpo é uma dádiva. Assim, nos sabás e nas áreas em que o naturalismo é praticado, a nudez é apenas um despojamento do supérfluo. Simboliza desapren-der, esvaziar-se, livrar-se de uma bagagem socio-cultural restritiva e das imposições de um ego inflado. Representa olhar para si mesmo com auto-aceitação, auto-aprovação e auto-estima, primeiro degrau para a escadaria que culmina no Amor Transcendental.

No relato sobre Adão e Eva vemos que cobriram seus corpos por vergonha, não por razões climáticas, mas os bebês nascem nus e não têm do que se envergonhar, porque a consciência de pecado ainda não lhes foi incutida.

Conhecer-se e aprimorar-se, aceitar-se e amar-se, desenvolvendo a própria essência única: ser simplesmente o que se é também é uma das mensagens desta carta.

32 – Aves de Agouro

Muitas aves pretas – galinhas, urubus etc.–, além de outros animais voadores, como os morcegos, são consideradas agoureiras, mas não para as bruxas pois, conseguindo enxergar além dos estereótipos associados às aparências, elas consideram estes animais um presságio de sorte. Uma vez que as feiticeiras aceitam o seu lado sombra – faceta da personalidade que é inconsciente, desconhecida ou que se considera desagradável – e amam a noite, os mistérios, sentindo prazer em desafiar os preconceitos, elas possuem um enfoque diferente. A aparência estranha de certas aves garante a estas o privilégio de não serem crias ornamentais e nem pratos prediletos da maioria. Também não são ambicionadas como animais de estimação e portanto não raro gozam de liberdade.

Para as bruxas, de cujo entendimento deriva este baralho, as Aves de Agouro prenunciam boas novidades e alegrias vindas de cartas, papéis, comunicações ou documentos. São também os bons conselhos e ainda podem ter o significado de viagem rápida.

33 — Fases da Lua

Todas as quatro fases da Lua possuem uma energia peculiar que é propícia para tipos diferentes de magias. O que deve permanecer oculto será executado na Lua Nova. O que precisa de investimento de energia é melhor que seja feito sob os auspícios da Lua Crescente. As magias efetuadas na Lua Minguante têm efeito pouco duradouro, porém servem para trabalhos de cura, términos, conclusões e quebradura de bruxedos. As feitiçarias realizadas na Lua Cheia visam ao reconhecimento público ou ao ápice de alguma realização, lembrando que é nesta fase que os poderes parapsíquicos atingem seu apogeu.

A Lua é vinculada ao princípio feminino, à gestação, e seus ciclos são determinantes para a fauna e a flora. Rege toda espécie de líquidos e influencia os humores humanos e as plantações. O crescente lunar é símbolo das sacerdotisas da Grande Deusa, do Grande Espírito Feminino, que junto com sua contraparte masculina permeia o Universo. A influência deste luminar sobre a Terra é fundamental.

A presença desta carta é sinal de uma fase, do desenrolar de um processo. São esperadas flutuações, instabilidades e inconstâncias. Indica um momento passageiro e os eventos, conforme os efeitos desejados, devem ser iniciados na fase adequada da Lua. As coisas levarão um tempo para ocorrer, porque o ciclo precisa estar completo. É um indicativo de tempo. Favorece também a realização de viagens. Em posições específicas simboliza maternidade, parto ou gestação. A Lua é o luminar símbolo da mulher. Nas mais variadas culturas teve suas personificações e nomes. Na mitologia grega foi chamada de Selene ou Febe, entre outros nomes e mitos que mais bem expressavam suas fases. Quando no Crescente é representada por Diana (Artemis), a virgem caçadora, implacável, regente da selva. Como Lua Cheia é a Deusa Mãe, plena e poderosa, simbolizada por Deméter (Ceres) e no Minguante é a sábia Hécate, a temida Rainha das Bruxas. Como Lua Nova seria Perséfone; e Lilith, a indomável primeira esposa de Adão estaria associada à Lua Azul.

A Lua influencia não só o ciclo biológico das mulheres, como também as plantações e o fluxo e refluxo das marés. Relaciona-se com as emoções, sendo que, em caráter coletivo, a Lua Cheia é a fase que coincide com as turbulências emocionais. As mulheres romanas usavam como amuleto um crescente lunar, para afastar os maus espíritos da Lua, que acreditavam ser capazes de provocar distúrbios emocionais e loucura.

Na astrologia rege a quarta casa, associada ao lar, ao psiquismo, aos sentimentos, às intuições, à família, às emoções. Sua posição no mapa natal ainda sinaliza viagens ou assuntos correlatos a estas.

Tudo que é instável ou flutuante está sob os auspícios da Lua, até mesmo a bolsa de valores. Os agricultores e as pessoas do campo sabem utilizar seus ciclos para o plantio, a poda e a colheita. Muitos a observam no que se refere aos tratamentos de saúde, ao corte de cabelo e ao trato com animais.

O ano lunar é composto de treze meses e de cada um deles emana um tipo específico de energia, ligado à estação em que ocorre, sendo os mesmos de importância fundamental para as práticas magísticas. São levados em conta também os aspectos planetários formados na lunação, ou seja, a configuração do céu em relação à Lua Nova — início do mês lunar. De grande poder na magia é a Lua Azul, isto é, a Lua que surge duas vezes sob a regência de um mesmo signo.

A Lua representa o inconsciente, as emoções, a mulher, a energia Yin, a Grande Deusa Mãe, a Senhora da Magia, o aspecto feminino da Divindade.

34 — Heléboro Negro

Existem outras variedades de heléboro, tal como o branco (flor-da-verdade) e o verde (*Veratrum viride*). O heléboro negro é também chamado de rosa-do-fogo ou erva-do-inferno. É uma erva da família das liliáceas à qual, além do emprego analgésico, foram atribuídas propriedades purgativas, depurativas e reconstituintes. Esta planta entra na composição do Elixir da Longa Vida. Possui grande emprego medicinal e é ainda utilizada na prevenção de doenças. Tem como alcalóide a veratrina, de efeito analgésico. O heléboro negro é o mais raro, bem como o mais potente e sua atuação abrange os planos físico, astral e psíquico. O Elixir da Longevidade, segundo descrito por Paracelso no livro *Botânica Oculta*, é o seguinte: folhas de heléboro negro em perfeita maturação (10 a 15 gramas) com açúcar e água.

Para fins de bruxaria, observa-se a hora de Saturno (ver tabela a seguir) para a colheita do heléboro, que servirá tanto para a invocação de entidades astrais como para proteção contra o "mau-olhado".

Neste baralho, o Heléboro Negro significa uma indicação excelente quanto à saúde e garante ao consulente imunidade quanto a magia e negatividade de terceiros. É sinal de "corpo fechado". A carta mostra ainda uma bagagem anterior da qual será preciso estar livre para apreciar ou desfrutar de dádivas vindouras. É garantia de consolo e superação de dores e mágoas passadas. Assinala eventos duradouros, sólidos e estáveis.

HORAS DE SATURNO:

Domingo: 5ª hora do dia; 12ª hora do dia; 7ª hora da noite.

Segunda-feira: 2ª hora do dia; 9ª hora do dia; 4ª hora da noite; 11ª hora da noite.

Terça-feira: 6ª hora do dia; 1ª hora da noite; 8ª hora da noite.

Quarta-feira: 3ª hora do dia; 10ª hora do dia; 5ª hora da noite; 12ª hora da noite.

Quinta-feira: 7ª hora do dia; 2ª hora da noite; 9ª hora da noite.

Sexta-feira: 4ª hora do dia; 11ª hora do dia; 6ª hora da noite.

Sábado: 1ª hora do dia; 8ª hora do dia; 3ª hora da noite; 10ª hora da noite.

As horas diurnas são contadas a partir do nascer do Sol e terminam quando este se põe, iniciando-se aí a contagem das horas noturnas. De posse do horário do nascimento e do ocaso do Sol da data em questão, subtraia um do outro e veja quantas horas teve o dia. Divida o resultado por doze e saberá a duração de cada hora astrológica diurna. O mesmo procedimento é feito para situar as horas noturnas. Desse modo obtém-se a hora exata de Saturno para determinado dia. É possível fazer o mesmo para os outros planetas, encontrando a regência de cada hora do dia. Por ser o heléboro negro uma planta regida por Saturno, observa-se a hora deste planeta para fazer sua colheita e assim potencializar seus efeitos.

35 — Beladona

Este arbusto da família das solanáceas, além de ser ornamental, possui emprego medicinal e propriedades sudoríferas, diuréticas, anti-espasmódicas, anti-secretórias e midriáticas (dilatadora das pupilas). A beladona é cientificamente conhecida como *Atropa belladona*, uma vez que um de seus ingredientes ativos é a atropina, encontrada nas flores e sementes. Apesar de seus efeitos terapêuticos a beladona é uma planta venenosa. Suas folhas secas e trituradas junto com açafrão e cânfora resultam em um poderoso perfume mágico que purifica o astral. Segundo Paracelso, seus planetas são Saturno e Vênus e seu signo é Escorpião. Os homeopatas a classificaram como um dos doze medicamentos policrestos, isto é, que possuem inúmeros empregos medicinais. Hilda Hartman, em seu livro

Uso Terapêutico das Ervas, nos fala da pomada de beladona que se aplica em casos de nevralgias, reumatismo e cachumba. O nome beladona originou-se do uso cosmético desta planta. As damas romanas costumavam passar seu suco na pele para obter frescor e uma aparência radiante. Era chamada de planta dos jardins de Hécate ou ainda de mandrágora-de-hécate.

Ao aparecer no jogo assinala uma atuação marcante do consulente, o uso do seu poder ou estilo pessoal de um modo energizante e que deixa um impacto indelével sobre alguém ou sobre determinado ambiente. O efeito desta carta é decisivo e avisa que as rédeas das situações estão nas mãos do consulente. Ele está apto a vencer, mas precisará esforçar-se ao máximo. Lembra que nada deve ser excessivo, pois o excesso por si só é pernicioso. A carta avisa que o momento é chegado: é hora de assumir um lugar único e específico no mundo, segundo o assunto indicado pelas cartas da mesma fileira vertical ou segundo sua pergunta ou ainda de acordo com a própria personalidade. Exorta a enfrentar responsabilidades e auferir a tudo que fizer seu toque, poder ou contribuição pessoal.

36 — Narciso Negro

As flores do narciso possuem propriedades narcóticas e sua raiz tem emprego estético e afrodisíaco. A plana relaciona-se à beleza e à autoapreciação, o que nos faz lembrar a versão da lenda grega, narrada pelo escritor Paulo Coelho do jovem e belo Narciso, na qual um lindo rapaz tinha o hábito de contemplar-se às margens de um lago. Sua obsessão por sua beleza era tamanha que todos os dias ia olhar sua imagem refletida. Um dia, encantado por si mesmo caiu no lago e morreu. O lago ficou desolado e foi interrogado pelas ninfas se chorava pela morte de Narciso. O lago confirmou. As ninfas então falaram da beleza estonteante do jovem e o lago aturdido perguntou: "Narciso era belo?" As ninfas estranharam a pergunta do lago, pois era no lago que Narciso contemplava-se; assim, como poderia o lago desconhecer este fato? E o lago então explicou que jamais percebera a beleza de Narciso, pois enquanto Narciso inebriava-se contemplando-se, o lago fazia o mesmo, vendo a beleza de suas águas refletida nos olhos do jovem.

A lenda grega original é ligeiramente diferente. Segundo ela, um adivinho havia alertado aos pais de Narciso que este viveria até o momento em que visse sua própria imagem. Um dia, porém, Narciso parou junto a uma fonte e nas águas do lago viu seu rosto refletido. Imeditamente apaixonou-se pelo seu reflexo e não mais parou de contemplar-se até que consumiu-se de paixão e transformou-se em uma flor, o Narciso.

Esta planta é consagrada a Plutão e à Vênus e identificada com os signos de Touro e Leão. Na Grécia Antiga, antes de ser consagrada ao deus Hades (Plutão) – divindade infernal –, foi dedicada às Fúrias – divindades infernais, vingativas e justiceiras.

No aspecto oracular temos as projeções do consulente: por um lado são os erros e defeitos que este pode estar atribuindo a outras pessoas indevidamente; por outro lado refere-se a uma auto-realização indireta através de algo ou de alguém. Ambas as atitudes são projeções e não manifestações autênticas e pessoais. O conselho é concentrar energia, canalizá-la e projetá-la por meios psíquicos e físicos visando a uma realização. Alerta o consulente para que não sucumba a inúteis auto-afirmações, autocomiserações, vaidade e orgulho, pois assim só se enfraquecerá e perderá de vista suas metas. O aviso é não ser autocomplacente, pois é através das nossas fraquezas que nos tornamos vulneráveis aos outros e a influências intrusas e indesejáveis. Sugere que o consulente saiba abrir-se para os relacionamentos, gozar dos benefícios dos intercâmbios e enxergar além de si mesmo. Indica que a força e a energia desejadas estão no íntimo do consulente. É possível ser feliz já, pois o estado de espírito é um atributo interno a ser cultivado e pode manifestar-se independentemente das vicissitudes fenomênicas. O planeta Plutão alude aos reservatórios de esplendor ancorados no íntimo e que são alcançados por aqueles que vencerem os infernos egóicos. Vênus aponta para a beleza interior que se reflete no exterior tal qual em um espelho. Já as Fúrias, antigas regentes desta planta, falam de consecuções por mérito e dizem que justiça será feita ao consulente, se este estiver do lado da justiça e da inocência.

37 – Magia Negra

Preferimos chamar a conhecida Magia Negra de Magia Mórbida, uma vez que ela é uma distorção da magia natural e voltada para fins iníquos. A Magia Mórbida por não ser uma tendência natural assemelha-se a um estado doentio.

As religiões, mesmo em suas filosofias mais sublimes que conduzem as pessoas a elevados estágios de consciência, sofrem o risco da arbitrariedade, pois conduzidas – como o são – por seres humanos refletem também suas limitações e interpretações. Cabe, portanto, a cada consciência individual discernir, selecionar e aproveitar somente aquilo que lhe serve e com que seu coração concorda. Sim, o coração, pois a razão possui as suas conveniências. O limitado tem dificuldade em conceber o Ilimitado, o Infinito e as idéias de Onipotência e Onipresença. Daí derivam-se cultos a poderes paralelos — não divindades, expansões do divino ou reflexos de suas inconcebíveis maravilhas, a pluralidade do Todo-Poderoso, mas formas-pensamentos em que recai o refugo humano, as sombras rejeitadas. Em vez de transmutá-las, são cultuadas como se tivessem algum poder e o poder que possuem é exata e unicamente o que tais consciências lhe auferem, sendo que seu raio de atuação não ultrapassa as fronteiras restritas daquelas mentes que o elegeram.

É o uso que qualifica a matéria-prima, pois sobre ela não incide nenhum valor moral intrínseco.

A Igreja Católica, na época da Inquisição, interpretou os sabás como orgias sexuais e culto ao Deus Cornífero como adoração ao demônio; contudo, o Deus Chifrudo nada mais era do que o símbolo da energia masculina do Universo, representado como um espírito animal sendo cultuado, em gratidão, por aqueles que se alimentavam das caças e do frutos. Cientes de que a vida animal e vegetal devia ser respeitada tal como a humana, mas mesmo assim utilizando-a para a própria alimentação, nada mais justo do que agradecer e reverenciá-la. A nudez e o sexo eram praticados nestas festas celebrando-se a fertilidade da terra e da natureza, na qual o ser humano inseria-se. A interpretação errônea destas tradições deu origem a estranhos entendimentos. Na verdade, os sabás eram celebrações da vida, da fertilidade e das dádivas da natureza e em nada relacionavam-se a demônios ou a magia negra.

O *Malleus Malleficarum* registra que, na época da Inquisição, a Igreja Católica considerava heresia duvidar dos poderes do diabo e... "das bruxas". Ora, foi a obssessão de instaurar a hegemonia religiosa que popularizou a idéia do demônio e acabou resultando em uma carnificina, na qual as vítimas foram as mulheres que praticavam a sabedoria de suas ancestrais tanto para ajudar aos outros quanto nos seus rituais e festejos.

A magia natural da Antiga Religião floresceu em diversas épocas e lugares como uma manifestação espontânea. Sob roupagens culturais diferentes, homens e mulheres prestaram seu culto ao Dom Maior, à graça da vida, à abundância da natureza. Como qualquer outra religião, tempos depois alguns perderam o verdadeiro sentido da feitiçaria, a essência dos ensinamentos e dedicaram-se ao mau uso desta sagrada tradição. Quando esta carta aparece no jogo, indica erros, enganos e referenciais trocados. Refere-se ao obscurecimento da capacidade de discernir ou indução ao fanatismo. Algum excesso pode estar sendo cometido. É também sinal de fragilidade física, risco de doença, perturbação mental, turbulência espiritual ou degradação física e psíquica causada por vício. A caída desta carta mostra uma necessidade imperiosa de harmonia, equilíbrio, reorganização e recuperação em alguma área da vida indicada pelas cartas da mesma fileira vertical.

38 – Sabás

O nome sabá originou-se de sábado, pois era neste dia da semana que as feiticeiras reuniamse à meia-noite, e passou a designar todo o tipo de festejo da Antiga Religião, inclusive os principais, que são rituais relacionados às estações: Yule, Imbolc, Ostara, Beltane, Litha, Lamas, Mabon e Halloween. Neles celebra-se a colheita, a germinação, a fertilidade da natureza, a sua morte aparente e o seu renascimento. O Halloween, conhecido como dia das bruxas, é uma destas celebrações. Note-se que as datas dos solstícios e equinócios são diametralmente opostas nos hemisférios norte e sul: quando em um deles começa o inverno, no outro está se iniciando o verão e, quando no primeiro começa a primavera, no outro está começando o outono. Por este motivo, o sentido das datas é diferente nessas duas regiões, e deveria ser feita uma inversão no que concerne à celebração dos rituais. Por exemplo, o Halloween, festejado em 31 de outubro no hemisfério norte, corresponderia, no hemisfério sul, ao dia 1° de maio, quando por lá está sendo celebrado Beltane, que no hemisfério sul corresponderia a 31 de outubro. O Sabá de Ostara, que marca a entrada do equinócio da primavera, ocorre no dia 21 de março; contudo, para os que vivem no hemisfério sul, nesta data temos a entrada do outono. No dia 21 de dezembro, quando ocorre a noite mais longa do ano, na Antiga Religião Celta, celebrava-se o Yule, o nascimento do Deus Chifrudo. No Brasil, nesta data teremos o dia mais longo do ano, que corresponderia ao festejo de Litha; e assim por diante. O sentido ritualístico é diferente.

A Antiga Religião floresceu sem ser cultivada, a partir do contato do ser humano com a natureza. Assim, culturas diferentes realizam festejos diferentes — sejam eles pagãos ou religiosos —, mas que no fundo incorporam a mesma significação de celebração dos aspectos da vida e das manifestações prodigiosas da natureza. Por esta razão, o xamanismo e a pajelança guardam significativas semelhanças com a Antiga Tradição. No Brasil, no dia 27 de setembro, temos os festejos de São Cosme e São Damião, quando doces são distribuídos às crianças. A essência desta prática é compartilhar as dádivas da natureza em uma celebração de graças imbuída de várias mesclagens e sincretismos religiosos dos quais fazem parte o catolicismo, o candomblé, a umbanda e a antiga tradição das bruxas. É um festejo primaveril derivado da alegria de presenciar a natureza renascer, as plantas florirem após o árido inverno. Seu sentido é semelhante ao do Sabá de Ostara, embora este último tenha dado origem a outra manifestação: a dos ovos e coelhos de Páscoa, antigos símbolos de fertilidade associados à Deusa Esther. Já o Carnaval, festa que em nosso país ocorre no auge do verão – quando a energia yang está no seu ápice –, é uma celebração que nos reporta a tempos muito antigos, às orgias dionisíacas, à alegria das bacantes e à fecundação da deusa, como ocorre no Sabá de Beltane. Crê-se, porém, que o Carnaval foi derivado do ritual de Imbolc, celebrado em 2 de fevereiro, pois as lupercais – festas romanas em louvor do Deus Pã – ocorriam em 15 de fevereiro; todavia, em muitas de suas manifestações as celebrações romanas assemelhavam-se ao antigo ritual de Beltane. Esses festejos não possuem unicamente uma origem local, mas estão arraigados no inconsciente coletivo, e em cada região a cultura particular é que dá a roupagem e a tonalidade diferencial; isto quando ainda subsistem, pois, repressões de cunho religioso varreram essas festividades de muitos lugares. Esta carta simboliza o prazer e a alegria oriundos do contato com outras pessoas e com a natureza. É o intercâmbio benéfico com grupos a que se pertence e com pessoas com quem se tem afinidade. Relaciona-se às associações das quais o consulente participa, bem como às instituições e aos sindicatos. Aqui é preciso cooperação e integra-ção. Escutar o que os outros têm a dizer, dizer o que se pensa, pois daí podem advir mensagens úteis bilateralmente. O momento é de celebrar, buscar a companhia de outras pessoas e vibrar com elas em uníssono, bem como integrar-se à natureza.

39 — Segredo

Quando alguém é oprimido por muito tempo pode assimilar, sem perceber, o comportamento de seus opressores, que antes lhe era tão repugnante, ao invés de repudiá-lo. O conhecimento também é uma forma de manter segredos sobre assuntos que poderiam beneficiar outras pessoas; é um modo tirano de detenção do poder, que traz em si o germe da discriminação, da pretensa superioridade e da competitividade. É claro que existem segredos que podem e devem ser mantidos, pois dizem respeito à privacidade de alguém. Há ainda outros segredos a zelar, quando se sabe de algo cujo conhecimento, devido ao contexto, pode gerar mais destruição que benefícios. Contudo há uma linha tênue que demarca o que pode gerar mais ou menos benefícios: este é um julgamento difícil e perigoso de se fazer. Se um cientista descobre uma radiação que pode curar o câncer, mas que também pode ser utilizada como potente arma biológica, o que ele deve fazer? O autoquestionamento é indispensável, pois o ser humano mantém em segredo até para si mesmo suas reais intenções. O verdadeiro saber afasta o homem do mal. Reter o conhecimento é uma das formas de degeneração dos valores daqueles que temem perder o poder e ancoram-se em posição ilegítima ou não aceitam sua característica temporária.

Houve um tempo em que os membros da Antiga Religião foram duramente perseguidos, bem como quaisquer pessoas que possuíssem dotes paranormais, interesses místicos e conhecimento de ervas medicinais; mas estes tempos passaram. Muitos dos antigos segredos e mistérios podem ser agora revelados. Alguns já tiveram comprovação científica, outros enquadram-se nas mais novas teorias da física quântica.

Esta carta fala de discrição e sigilo que devem ser mantidos, mas também adverte sobre a manipulação de segredos, mistérios e conhecimentos. Assim como a terra, o sol, a água e o fogo são patrimônio de todos, não se deve tomar exclusivamente para si o que pertence a todos. Há o momento certo de falar e de calar, a alternância é necessária. Aqui também estão sugeridas facetas do consulente que ele deseja ou deve esconder do conhecimento público ou de alguém. De todo modo é bom lembrar : "O silêncio é de ouro, a palavra é de prata." O ouro é um metal do Sol. A prata é um metal da Lua. Noite e dia possuem a mesma duração.

40 – Malleus Malleficarum

Malleus Malleficarum ("Martelo dos Malefícios") é o nome de um livro escrito em 1484 e sobre o qual se fundamentava o julgamento das bruxas e as penas a elas imputadas (tortura física e morte na fogueira). É um documento que comprova os abusos do poder utilizados para perpetuar o domínio. Neste documento oficial da Inquisição, toda a crueldade da qual o ser humano é capaz para manter-se no poder está documentada; suas bases são supersticiosas e seus argumentos, absurdos. Hoje em dia, porém, nossas contradições e absurdos não se afiguram a nós mesmos como são, pois estão arraigados em hábitos e crenças socialmente aceitos nesta nossa época. A violência e a ignorância ficaram registradas sob a máscara da religiosidade. Os discursos variam de tempos em tempos e os poderes trocam de mãos. O conteúdo do *Malleus*, que agora nos parece insensato e até mesmo ridículo, talvez ainda nos dias atuais fosse justificável, revestido de outra linguagem e sob o argumento de defesa de outros valores. A quem cabe julgar e com que juízo se deve julgar? Só nos resta a Lei do Amor: "Faz aos outros somente aquilo que gostarias que te fizessem."

Na leitura divinatória, a carta do *Malleus* é indício de energias perniciosas, inimigos, pessoas sem compaixão ou escrúpulos, fraudes, falsos testemunhos, preconceitos, propósitos vis, manipulação do poder segundo objetivos egoístas, crueldade, mercenarismo, trapaça e intolerância. O consulente corre algum tipo de risco de dano físico ou moral. Pode ser vítima de discriminação, humilhação ou injustiça. Ainda denota problemas com a lei, embaraços com papéis e documentos e uma variada gama de dificuldades. Para vencer será preciso usar de sabedoria, astúcia e fé.

41 – Hipnose

Com a mesma força com que as bruxas lançam seus conjuros, elas enviam seus olhares magnéticos, hipnóticos. Várias técnicas podem ser utilizadas com este objetivo e, sendo os olhos o espelho da alma, não é difícil para uma pessoa versada nas artes mágicas captar através deles o que os outros estão sentindo ou até mesmo pensando. Situação constrangedora, pois as bruxas sabem que os pensamentos de cada qual são privativos; contudo, às vezes é impossível não percebê-los como se tivessem sido falados em voz alta. Com a linguagem do olhar é possível entender também o que falam e sentem os animais e até mesmo conversar com eles. Neste caso, a voz pode ser utilizada como um auxiliar do olhar na emissão de sinais, mas os signos podem ser arbitrários, uma vez que esta comunicação ocorre no plano energético para ambos os seres.

Os juízes da Inquisição eram alertados para evitar os olhares das bruxas. Há relatos de casos em que elas escaparam da morte na fogueira após olharem seus juízes. Através dos olhos as bruxas revelam a integridade de seus espíritos, a limpidez e a força de suas intenções e também podem ler a alma dos outros, bem como atuar no universo energético comum a todos os seres.

Esta carta se refere à capacidade de conhecer e decodificar pessoas e circunstâncias. Simboliza também as circunstâncias do mundo externo que podem ser modificadas pela vontade e pela determinação do consulente, desde que expressas em uma atuação categórica, embasada na mais ampla percepção. O consulente, por outro lado, não deverá empenhar sua vontade objetiva, pois o desprendimento em relação aos resultados garantirá que, de um modo ou de outro, o que for melhor virá ao seu encontro. No contexto afetivo esta carta indica um interesse ou sentimento recíproco, ou ainda uma pessoa a quem vale a pena conhecer. Em sentido geral é também a capacidade de deter as influências negativas, os maus-olhados, as invejas, as calúnias e as maldades, garantindo vitória sobre os obstáculos. Simboliza ainda os estados alterados da consciência.

42 — Mandrágora

Atuando neste baralho com toda a sua potência mágica, a Mandrágora simboliza a energia original, em seu estado puro e concentrado, da qual podemos fazer uso. É a energia informe que nos capacitará a desenvolver qualquer opção boa ou má. Os resultados serão compatíveis com a natureza das escolhas, dos atos, das interpretações. Esta planta da família das solanáceas é conhecida também pelos nomes de mandrágora-de-medéia, planta mágica de Circéia, antropomorfa, semi-homem, *Mandragora officinarum*, "Atropa mandragora" e "Panax quinquefolium". Era conhecida pelos hebreus como "jabora". A mandrágora era venerada pelos antigos germanos como um dos deuses penates – deuses domésticos cultuados pelos pagãos, que com ela fabricavam os alraunes. Os alraunes eram ídolos esculpidos nesta raiz e possuíam função talismânica e oracular. Na França acreditava-se que aqueles que cultivavam uma mandrágora enriqueciam, pois uma fada habitava a planta.

Usada com vários fins, esta é uma das mais importantes plantas dentro da feitiçaria. Na crença popular dizia-se que este vegetal gritava ao ser retirado da terra e era habitado por demônios benfazejos. Sua raiz assemelha-se a um ser humano disforme e a planta pode ser classificada em fêmea e macho. O macho apresenta raiz grossa, branca por dentro e preta por fora. Suas folhas alastram-se junto ao solo, suas flores são perfumadas e seus frutos amarelos são sedativos e soporíferos. Nas fêmeas as raízes são bifurcadas e pretas interna e externamente.

Há os que afirmam ser a mandrágora a árvore do paraíso. Atribuíam a ela a capacidade de curar a esterilidade. Segundo a lenda, os espíritos dos homenzinhos viventes em suas raízes eram capazes de fecundar as mulheres estéreis. O ingrediente ativo da mandrágora é a mandragorina. Em quantidades mínimas revigora o sistema nervoso central, aumenta o vigor sexual, ativa a memória e as funções cerebrais. Possuindo propriedades narcóticas e energéticas, a mandragorina também, como outras substâncias psicoativas, dilata as pupilas.

O ideal é colhê-las em uma sexta-feira, dia de Vênus, pouco antes de o nascer do sol. Com o fim de preservá-la, as bruxas e os feiticeiros avivaram as lendas sobre a colheita da mandrágora da terra. Sendo a mandrágora um ser vivo de grande força espiritual e sensibilidade, e gozando de grande fama, a colheita da mandrágora corria o risco de ser predatória e inconsciente. Espalhou-se a crença de que gritavam quando eram retiradas da terra, e ouvir os seus "gritos aflitivos" — aos quais se referira Shakespeare em *Romeu e Julieta* — era maléfico a ponto de causar a morte ou a loucura. Plínio sugeria arrancá-las com a ponta da espada, em uma manobra cuidadosa na qual três círculos eram marcados em torno da mandrágora.

Um pedacinho da raiz, após ser retirada da terra, deve ser lavada com vinho, guardada em seda branca ou vermelha, e poderá ser usada como um talismã de sorte. As bruxas sempre souberam de que todos os seres da natureza estão vivos como os humanos e ao usá-los é preciso ter parcimônia. No caso do uso de raízes, as mesmas devem ser replantadas, se for o caso, ou estas só podem ser retiradas quando seu prazo vital está prestes a extinguir-se. Uma mandrágora leva seis anos para chegar à maturidade e, aí chegando, vive por muito tempo, florindo, reflorindo e dando sementes. Suas sementes também são apropriadas para o uso mágico.

A mandrágora ainda foi utilizada como reconstituinte físico e mental, neste caso, nas seguintes proporções: uma colher do suco da raiz misturada em uma garrafa de vinho tinto, de que se bebe um cálice uma vez por dia. Mas não se deve ultrapassar essa quantidade porque, em doses elevadas, a mandrágora é perigosa e venenosa.

43 – Ungüento das Bruxas

O Ungüento das Bruxas era uma pomada aplicada sobre a pele, cuja absorção levava a um estado alterado de consciência. Normalmente havia também uma beberagem que acompanhava este procedimento, facilitando e ampliando a abertura dos canais perceptivos. Era um ungüento sagrado e a beberagem também possuía um caráter sacro, tal qual o Soma e o Hidromel. Com a ajuda do reino vegetal, as bruxas versadas em uma prática rigorosa podiam conduzir viagens "montadas em suas vassouras", transportando-se para os sabás. De lá, com seus companheiros e companheiras, iam a reinos inimagináveis. Na verdade, elas voavam com seus duplos etéricos; a vassoura foi um elemento introduzido em uma mítica posterior. Atualmente sua fórmula está praticamente perdida, embora talvez ainda seja possível resgatá-la a partir de antigos manuscritos traduzidos por alguém que conheça a linguagem iniciática. Quando da perseguição das bruxas, muito dos ensinamentos da Magia Espontânea foram perdidos. Nessa época apareceram os praticantes de uma magia mórbida, que nada tinha a ver com o Espírito Ancestral da Magia Espontânea.

A fórmula do ungüento e da beberagem que o acompanha é poderosíssima e difícil de precisar, pois erros de procedimentos e dosagens podem ser fatais devido a toxicidade forte de seus componentes. Nos componentes dessa fórmula entravam ervas e raízes que eram chamadas por nomes estranhos. Alusões a corações humanos, sangue de morcego etc., eram referências a vegetais e justamente por isso as antigas fórmulas foram perdidas. Só os versados na botânica oculta sabiam ler essas formulações; então a "palavra" foi perdida, mas temos a esperança de resgatá-la e não duvidamos de que alguém, em algum lugar, já tenha conseguido aproximar-se bastante da fórmula original ou de que em alguma linhagem de feitiçaria o segredo do poderoso ungüento ainda seja conservado intacto. Se assim for, por alguma razão – válida ou não –, o segredo está guardado a sete chaves. É de se entender que a organização social e a elevação espiritual da humanidade como um todo ainda não superaram certos limites. O Ungüento das Bruxas ainda reacenderia as fogueiras da intolerância ou se prestaria a comércios violentos e ilegais. As plantas de poder, quando associadas a violência, vício e criminalidade, desencadeiam energias incontroláveis e perigosas. Assim são gerados carmas.

Carmas da humanidade também são gerados quando centenas de animais são sacrificados – seja qual for o argumento –, ou quando o nosso planeta é poluído. Se destruímos a natureza, igualmente seremos destruídos: somos animais, embora racionais, e fazemos parte deste ecossistema. Há muito sangue derramado e teremos de dar conta de cada gota dele. Somos dotados de racionalidade, pois cada espécie tem um dom, mas esta racionalidade não tem nos deixado em grande vantagem em relação aos animais irracionais. É claro que a humanidade tem conquistado progressos por um lado, mas tem se esquecido do fundamental, da natureza que garante sua própria sobrevivência. Muitos humanos consideram-se seres superiores, melhores que as outras espécies que coabitam o planeta. Não parece haver evidência que justifique o pressuposto, exceto a presunção de superioridade, pois se a morte e o nascimento assinalam o momento crucial de cada um, nenhuma vantagem tem o homem sobre o animal. O Sol nasceu para todos. Há uma intensidade energética acumulada de atos desumanos práticados pela espécie humana e ela é o apocalipse que a humanidade tanto teme. Mas a Grande Deusa Gaia é paciente e misericordiosa; portanto, todo esforço de deter a destruição do planeta, de respeitar a vida, de viver em harmonia é considerado. Mesmo assim as leis cósmicas não podem ser rompidas: ações geram reações e, quando se avolumam e não são neutralizadas, desencadeiam resultados compatíveis e proporcionais. Basta um movimento da Grande Deusa Gaia, e as forças telúricas, ígneas, cósmicas, aéreas, etéreas e aquosas tornam-se potestades. A consciência da vulnerabilidade da nossa espécie começa a despontar e aumentam as chances de uma regeneração do ser humano na relação com tudo que o cerca. Este retorno que começa a acontecer poderá nos reintegrar conscientemente no corpo da Deusa Gaia.

A carta fala de um grande poder, de um acontecimento extraordinário, de uma força maior; contudo há riscos de desperdiçar a força deste encontro ou achado. O consulente pode não perceber as possibilidades que determinado acontecimento gera e não aproveitá-las, ou pode adiar e perderá a oportunidade. Pode ainda utilizar mal o que lhe for apresentado. Exageros, cobiça, preguiça, orgulho e maus hábitos serão os inimigos do consulente. Se, no entanto, a oportunidade for aproveitada e o consulente estiver pronto para mudar, então este é um momento afortunado, de riqueza interior e exterior, de abertura de portas que até então estiveram fechadas.

44 – Estramônio

Esta herbácea da família das solanáceas é conhecida também como estramônio, zabumba, datura, figueira-brava ou figueira-do-inferno. Seu nome científico é "*Datura Estramonium*" e seu princípio ativo é a estramonina, que possui propriedades medicinais e tóxicas. Assim como o meimendro, o acônito e a cicuta, integra o Ungüento das Bruxas – produto com o qual as feiticeiras untavam o corpo para participar dos covens. Era ainda queimada nos sabás para efeitos de invocações. Cresce comumente em terrenos arenosos e escombros. O cheiro de suas folhas é desagradável e seu gosto é amargo. Suas folhas são grandes e suas flores alvas ou azuladas e solitárias. Suas sementes são amareladas e quando maduras ficam pretas. Diz-se que a folha, quando fumada, é capaz de curar a asma; entretanto, como é uma planta tóxica, ninguém deve fazer essa experiência por conta própria. É uma planta psicoativa e perigosíssima. Neste jogo vaticina uma pessoa importante, uma autoridade da qual dependem os assuntos do consulente. Ela pode ajudar se gostar do consulente, mas também pode prejudicar ou ser indiferente. A reação dessa pessoa estará determinada pelas outras cartas da mesma fileira vertical.

45 – Umbra

A carta da Umbra indica que as influências do destino serão sentidas de forma abrupta. Em geral vaticina um novo conhecimento, alguém que surge ou ressurge na vida do consulente e que terá importância crucial. Tal pessoa ou circunstância pode estar ligada a qualquer área da vida, o que será esclarecido pelas cartas adjacentes da mesma fileira vertical. A partir desse momento, os rumos da vida do consulente serão alterados na direção dos assuntos tratados pelas outras cartas da fileira. Revela um acontecimento que traz uma experiência-chave cuja assimilação dará novo rumo à vida do consulente. Chama-se de umbra uma vastíssima região situada no plano astral onde estão inúmeros portais para universos desconhecidos ou paralelos. Entre as muitíssimas passagens que podem ser acessadas a partir da umbra estão o reino das fadas, os mundos de vários tipos de elementais, as moradias de seres fantásticos, os universos de diferentes consciências sem paralelos em nosso mundo. No plano astral, além da umbra, estão os Grandes Portais que conduzem aos seis outros planos (físico, emocional, mental, espiritual, etérico e transcendental), bem como os registros cósmicos e o acervo arquetípico pessoal e coletivo, entre outras coisas.

Pode-se acessar a umbra através dos sonhos, dos estados alterados da consciência, da vontade, do direcionamento de energia, de exercícios psíquicos, de deslocamentos do corpo astral, de trabalhos com o chacra cardíaco ou até mesmo espontaneamente. Para lidar com esse mundo de sombras e espectros é preciso estar preparado, pois visões assombrosas e formas terríveis são os guardiões do umbral. Até mesmo a loucura pode advir de uma viagem a este local feita sem a estrutura necessária. Mesmo não sucumbindo aos terrorres inomináveis, há o risco de se ficar vulnerável às belezas fantásticas e aos promissores prazeres que são encontrados. Formas de rara beleza entorpecem os sentidos e ficar prisioneiro delas é perder o autodomínio, sendo que, para a vida material, para o mundo da forma, os efeitos de se deixar levar pelos seres aterradores ou pelas suaves beldades é o mesmo. Cada uma dessas aparições deseja atrair, despertando um sentimento ou emoção – medo, amor, ira, compaixão, piedade, curiosidade etc. –, o viajante do astral para o seu universo e, antes de segui-las, o peregrino deve ter um objetivo límpido, exalando força e energia para não se deixar seduzir.

Uma das formas de penetrar o reino da umbra é através do espelho mágico. Esse espelho é confeccionado com o astra, um composto oriundo da combinação de sete metais. A preparação do astra obedece a rigorosos critérios alquímicos. Exercendo seu poder hipnótico sobre si mesma, a bruxa executa uma manobra mortalmente perigosa para os leigos, que é a passagem para o outro lado. O primeiro passo da técnica consiste em perceber tudo ao redor como um mar de vibrações. Depois disso segue-se um desdobramento consciente, sem os efeitos amortecedores do sono ou de outros métodos mais suaves. Saber evitar ou minimizar o choque do retorno é imprescindível quando se trata desta forma abrupta de se lançar aos domínios espectrais. O espelho mágico possui várias outras funções: induz à vidência do passado, do presente, do futuro e das reencarnações, serve como ponto de partida para as regressões, cura o mau-olhado e o quebranto, atua em magnetizações, é arma de ataque ou de defesa psíquica; mas para a viagem à umbra é apenas um suporte altamente eficiente, direto e rápido. Existem outros suportes, contudo o espelho mágico parece ser o preferido das feiticeiras, apesar de ser o mais arriscado. O uso do espelho mágico e principalmente o ingresso na umbra constituíam, juntamente com a fórmula do Ungüento das Bruxas, uma das partes mais secretas da bruxaria.

MAGIAS

Muitas das antigas magias valiam-se do auxílio dos princípios psicoativos de determinadas plantas. Contudo nós, bruxas e bruxos da Nova Era, sabemos que o uso dessas substâncias poderosas inclui grandes responsabilidades e sérios riscos. Todo estado de espírito e de consciência que podemos obter por reações químicas orgânicas induzidas pode ser despertado por nós mesmos. A aquisição própria desses estados é que traduz a essência da verdadeira bruxaria. Cada hormônio e cada neurotransmissor segregado pelo organismo possui relação com um chacra e com um plano e subplano. No microcosmo que é o nosso corpo ainda falta muito a descobrir. A adrenalina, por exemplo, hormônio produzido pelas glândulas supra-renais e que resulta em efeitos variados sobre o nosso organismo, é ligada ao plano físico. Já a melatonina reage nas esferas do nível etérico. Na época da Inquisição, houve praticantes de magia que suportaram as torturas e a morte na fogueira com um semblante tranqüilo e uma postura inabalável. Eles sabiam como estimular seus corpos sutis para que, no nível físico, fossem segregadas endorfinas e dopaminas em níveis extremamente elevados para que, deste modo, eles não fossem dominados pela dor. Nossa mente e nossa vontade, devida e tecnicamente canalizadas, podem produzir fenômenos incríveis. Além do mais, por meio da alimentação também podemos estimular certas funções do nosso organismo.

Todo avanço no conhecimento científico, desde que seus processos não tenham incluído agressões à natureza, é de interesse das bruxas. Quanto mais sabemos, melhor podemos expressar nossos conhecimentos, compará-los, aperfeiçoá-los, fundamentá-los e atuar com eficácia. Em termos de botânica, principalmente no que concerne à magia, o médico suíço Paracelso (Teofrastus Bombastus Von Hohenheim, 1493 a 1541), deixou-nos um legado fantástico. Sendo ele versado nas ciências ocultas, optou por extrapolar os limites restritos da abordagem permitida na sua época. Classificou perfumes, sabores, cores e volumes das plantas segundo os quatro elementos da natureza e também de acordo com a regência planetária, bem como definiu os signos de muitos vegetais. Relacionou propriedades planetárias de plantas com outros elementos do macro e do microcosmo. Até mesmo Carl G. Jung fez uma apologia ao seu conterrâneo: “Como Paracelso foi outrora o pioneiro da ciência médica, parece-nos que hoje se tornou o símbolo de uma importante modificação em nossa concepção sobre a natureza da doença e sobre a essência da vida em si.”.

O estudo inovador de Paracelso contribuiu também de modo peculiar para a medicina ortomolecular, permitindo uma ampliação na abordagem e na concepção do tema. Os minerais, possuindo suas correspondências astrológicas e planetárias e estas referências celestiais por sua vez regendo arquétipos, também determinam comportamentos e enfermidades conforme a quantidade em que se encontram no corpo. Sabe-se que o excesso de chumbo no organismo pode tornar a pessoa taciturna. Saturno tem o chumbo como seu metal e as pessoas que sofrem sua forte influência astrológica possuem, entre outras coisas, temperamento melancólico. Por analogia podemos deduzir que o excesso de chumbo no organismo pode levar ao surgimento de doenças tipicamente saturninas e a falta deste mineral resulta em outras doenças às quais os "saturninos" estão imunes. Saturno é também associado à longevidade e daí conclui-se que a presença de chumbo nas doses adequadas é importante para o alcance de uma idade avançada.

A caracterologia baseada nos humores é bastante interessante embora resuma-se apenas a quatro tipos: bilioso, sangüíneo, linfático e fleumático. A caracterologia baseada nos doze signos astrológicos é mais abrangente e comporta inúmeras variações. Atualmente temos o interessantíssimo eneagrama que proporciona uma nova abordagem, mas de modo algum esgota o tema. Os humores, os hormônios, os neurotransmissores, os metais, os signos, os planetas, os chacras etc. possuem correspondências extensas e as bruxas e os magos de todos os tempos sempre souberam disso. Daí confeccionarem talismãs que, pelo processo de mimesis e correspondência, pretendiam invocar e concentrar determinadas forças.

Sabemos também, por exemplo, que a adrenalina corresponde ao arquétipo do guerreiro, de Áries e de Marte — relacionando-se ao ferro e ao rubi — e que as glândulas supra-renais, suas produtoras, vinculam-se ao planeta Marte de algum modo. A partir do estudo das correspondências e analogias teremos uma base para as terapias alternativas dentro da área ortomolecular, entre outras. Além de tudo, classificando plantas segundo seus componentes nutritivos (vitamínicos, minerais e protéicos) e seus princípios medicinais, bem como suas regências astrológicas, a medicina ganha um espaço promissor de pesquisa, embora ainda haja resistência e tabu dos orgãos competentes em aceitar o desafio de um estudo profundo destas possibilidades. De todo modo, desaconselhamos que um leigo tente automedicar-se, pois tais atribuições são de um médico. As áreas sugeridas pelas correspondências são caminhos para pesquisas, que precisam ser amplamente testadas, comprovadas e realizadas por profissionais do ramo, até que estes possam certificar-se ou não de determinadas premissas, especificá-las, definir dosagens, terapias adequadas, efeitos colaterais etc.

Algumas correspondências:

Planeta	Pedra	Dia	Metal	Aroma*
Sol	diamante	domingo	ouro	incenso
Lua	cristal	segunda-feira	prata	mirra
Mercúrio	opala	quarta-feira	mercúrio	cássia
Vênus	esmeralda	sexta-feira	cobre	nardo
Marte	rubi	terça-feira	ferro	cana-do-brejo
Júpiter	turquesa	quinta-feira	estanho	malabatro
Saturno	ônix	sábado	chumbo	estoraque ou benjoim

* Essências aromáticas ofertadas em cultos pelos antigos egípcios às divindades planetárias.

CONCLUSÃO

E assim chegamos ao fim deste pequeno livro. Se você o leu com atenção, já sabe como utilizar o baralho para ver com maior clareza seus caminhos. Entretanto, se você o leu com muita atenção, percebeu que ele não lhe deu somente isto. Se você não está buscando somente mais um jogo de cartas, mas um instrumento para se aperfeiçoar na Antiga Arte, entendeu que este livro contém os conhecimentos essenciais para quem deseja seguir esse caminho. Estude-o e aprenderá tradições, mitos, rituais e símbolos da tradição das bruxas e será capaz de criar seus ritos e encantamentos. Use esse conhecimento com sabedoria, amor e, acima de tudo, equilíbrio. É um erro comum, no mundo da bruxaria, pessoas pensarem que podem – ou devem – mobilizar somente energias masculinas, ou somente as femininas; mas esse modo de agir cria desequilíbrio e, se for seguido sempre, enfraquecerá seu trabalho mágico.

É fácil entender a razão disso: a energia que permeia o universo e produz os fenômenos não é apenas yang-masculina, nem somente yin-feminina, mas bipolar. Nem yang nem yin prevalecem; eles se intercalam, atuam em conjunto, completam-se.

A própria história da humanidade mostra como a desigualdade e o fracasso caracterizam as sociedades que pendem para um dos extremos. O matriarcado e o patriarcado são expressões de ênfase em uma só energia, portanto incompletas e insatisfatórias. O reinado de Zeus na Grécia clássica foi um marco da prevalecência patriarcal. Antes, o mito arcaico dizia que o Caos gerara Gaia, a Mãe-Terra, cuja preponderância correspondeu aos tempos matriarcais. Em diferentes culturas, esses princípios tiveram diferentes nomes, mas o significado era o mesmo; e o caminho foi sempre a falência. Dizer que a vida se desenvolve a partir de um pólo isolado, que um deles deve prevalecer e ser vitorioso, é um engano; a grande vitória consiste em integrá-los. Percebe-se atualmente um lento mas contínuo retorno aos princípios do feminino, mas o renascimento da postura matriarcal como outrora – embora possa tornar a classe feminina detentora do poder e tirá-la da condição de dominada e discriminada – não traz a integração igualitária que toda consciência que superou os limites estreitos de identificação com o ego temporal anseia.

Nos caminhos concêntricos e espiralados da evolução pessoal e coletiva, a energia feminina e a masculina destinam-se a trocas cada vez mais intensas e rápidas, nas quais fundem-se, gerando miríades de possibilidades rumo ao centro, ao Si-Mesmo, à Meta Suprema.

Este livro foi impresso em janeiro de 2011, no Armazém das Letras Gráfica e Editora, no Rio de Janeiro. O papel de miolo é o off set 75g/m^2 e o de capa é o cartão 250g/m^2. Para a caixa, utilizou-se o papel cartão 300g/m^2. A família tipográfica utilizada é a Trebuchet MS corpo 8 e entrelinha 16.